KAMTCHATKA

Du même auteur
chez le même éditeur :

Jacques-Yves Cousteau, dans l'océan de la vie, biographie, 1997.

L'Azur ! L'Azur !, roman, 1998.

L'Enchantement des fleurs sauvages, beau livre, 1998.

Le Bonheur en marchant, essai, 2000.

Mes plus belles balades en France, 100 itinéraires sauvages, 2001.

www.editions-jclattes.fr

Yves Paccalet

KAMTCHATKA,

la terre des origines

Préface de Nicolas Hulot

JC Lattès

PRÉFACE

Avec Yves Paccalet, nous avons en commun la passion indissociable de l'Homme et de la Nature. Tous deux, nous rêvons de ce jour où Nature et Culture feront cause commune. Chacun, nous y contribuons à notre manière, bardés d'une expérience distincte mais d'un regard identique.

Partir au Kamtchatka avec Yves Paccalet, c'est jalonner l'itinéraire d'un peu de poésie, de beaucoup d'émotion et d'énormément de connaissances. Non pas d'un savoir rébarbatif et prétentieux, mais d'un éclairage qui séduit et illumine. Yves aime le verbe à l'égal de la vie.

Ushuaïa Nature constitue le prolongement d'une aventure commencée voici quinze ans. Par curiosité d'abord, par séduction ensuite, par conviction maintenant, nous n'avons eu de cesse de jouer à saute-mouton avec les méridiens et les parallèles, en déployant la frénésie de ceux qui ont trop conscience de la brièveté des existences.

Ushuaïa est devenue une petite communauté

d'amis, soudée par une somme de voyages et de découvertes vécus en commun, comme personne peut-être n'en a connu. Une diagonale planétaire sans répit, semée de révélations et d'exaltations, au fil de laquelle notre conscience s'est petit à petit forgée et notre respect et notre passion pour le vivant peu à peu confirmés. Yves Paccalet a partagé discrètement, avec recul, quelques semaines de cette équipée, et son œil n'a cessé de briller et d'observer.

La péninsule du Kamtchatka, à onze heures d'avion de Moscou, nous a probablement valu le choc émotionnel le plus puissant que j'aie reçu au cours de mes pérégrinations sur la planète. La nature à l'état brut ! Une beauté presque insolente ! La partie visible du jardin de Dieu... Au pied d'une multitude de volcans géants et frémissants, l'homme est remis à sa juste dimension et confronté à son insignifiance.

Ce livre est le récit sensible, poétique et scientifique, d'un écrivain écologiquement engagé, à l'occasion de l'expédition d'*Ushuaïa Nature* sur ce fragment d'Eden. Un temps de pause, un moment de réflexion nécessaires dans le mouvement permanent des Hommes aux semelles de vent que nous essayons d'être.

Nicolas HULOT

Prologue

LA PERFECTION DU VOLCAN

Tout frémit, tout palpite, tout tremble.

Je suis assourdi, abasourdi, abruti par le bruit de l'hélicoptère.

Le battement des rotors résonne dans ma tête. Il me semble que mon crâne se fissure sous l'impact des ondes sonores.

Je perds mon jugement. Je me laisse aller dans une euphorie où le tintamarre mécanique, la fatigue du voyage et le plaisir d'être au bout du monde se dissolvent dans le « chop ! chop ! » obsédant des pales.

Je tremble sans savoir si c'est à cause des vibrations de l'hélicoptère.

Je souris d'un air idiot, comme d'habitude.

Par le hublot, je regarde défiler l'immensité de la forêt. La taïga. La plus vaste étendue d'arbres de la planète. Une fourrure végétale pour la froide Eurasie. En ce début de septembre, les prémices de l'automne peignent jusqu'à l'horizon un délire d'or et de cuivre, d'ocre et de rose, que viennent souligner des éclats d'émeraude.

Nous volons depuis plus d'une heure.

Nous suivons la ligne de côte en direction du nord. L'océan Pacifique balance ses ondes crêtées d'argent, tantôt en écrasant sa puissance sur des falaises de lave noire, tantôt en léchant des plages grises qui s'étirent ainsi que des ours repus. Une île au large : je m'y figure une colonie d'otaries à fourrure callorhines et de lions de mer de Steller, avec des aigles pêcheurs et des morses aux défenses en guillemets. La baleine franche noire s'approche et souffle pour me plaire... Sous la carlingue, des fleuves luisent. Ils rejoignent la mer par des passes étroites, après s'être étalés en vastes lagunes littorales qu'on nomme ici « limans ».

Devant nous, l'infini de la taïga.

Je suis au Kamtchatka...

Par les hublots de gauche, une ligne de volcans compose la colonne vertébrale de la péninsule.

Nous survolons une nouvelle embouchure.

Celle de la rivière Kronotski.

L'hélicoptère vire à l'ouest et remonte le cours d'eau. La plaine côtière est étroite, la pente devient raide, le flot s'accélère. L'onde bondit sur les rocs, au creux d'une gorge qui resserre compulsivement sa sauvagerie. Le liquide se propulse en rapides écumeux, plonge en cascades, puis se rassérène et s'approfondit en vasques turquoise, avant de se précipiter sur le toboggan suivant.

L'hélicoptère s'arrache dans la pente.

Il passe la ligne de crête.

J'entre dans le rêve...

Au nord, sous un ciel pommelé de nuages que le vent pousse depuis le pôle, se découpe une dentelle de volcans poudrés de neige, dominant un lac aux allures de mer. Le lac Kronotski. Immense : deux fois celui d'Annecy. Bleu foncé, frissonnant d'un clapot dont les crêtes blanchissent. Avec des anses et des îles. Des caps crêpelés de bouleaux jaunes, de mélèzes d'or et de pins émeraude.

Je contemple cette splendeur froide et pure.

Vers l'ouest, les pentes déchiquetées, ravinées, instables, se coiffent d'une frise de rocs teintés de soufre.

Je tourne les yeux vers l'est.

La perfection faite montagne...

Au bord du lac, une étendue d'herbes hautes, que le vent fait onduler comme une savane d'Afrique, mène à une forêt de bouleaux et de pins nains, à laquelle succède un étage rouge et or de buissons d'airelles, de camarines et de raisins d'ours. Un cône colossal prend forme et s'élève à la manière de la *Tour de Babel* de Jérôme Bosch. Le profil en est celui d'une double hyperbole. Au tiers du développement, la végétation disparaît. Ne reste que le minéral et deux moitiés de ciel. Cet étage de basaltes et de cendres est creusé de ravines qui semblent des artères et des veines. La cime tronquée touche aux contrées que peuplent les esprits sibériens auxquels parlent les chamanes. Elle est couronnée d'un glacier en étoile scintillant de neige précoce, et augmentée d'un surplomb sur la face sud, comme une moue d'enfant.

Le volcan Kronotski. Bâti par les fureurs de la Terre, mais sur un modèle mathématique, Spinoza eût écrit *« more geometrico »*, « selon la géométrie ». Peut-être le plus beau du monde.

Ses formes sont plus symétriques, plus emplies de puissance et de douceur réunies que celles du Fuji Yama. Hokusaï eût aimé peindre les *Cent vingt vues* de ce mont-là. Supposons qu'il s'agit de la cent vingt et unième estampe. La plus achevée, la plus secrète. Il règne, sur ce paysage, une lumière dorée que borde une écharpe de brume rougie par un fantasme de soleil.

Mon rêve se compose sous ce cône idéal, au bout de l'Asie, je veux dire : à l'extrémité du monde. Sous les traits de cet édifice sans défaut, né des feux intérieurs de la planète. Le mont Kronotski : 3 528 mètres d'altitude. Je le contemple. Je l'escalade par la pensée. Il me semble que je touche la cime de ma quête.

Je suis un négligeable chevalier du savoir et du poème. J'ai voyagé vers l'Asie en enfourchant une illusion. A présent, hébété, ensorcelé par la splendeur du paysage, je désire y trouver, sinon le sens de ma vie (inutile de quêter ce trésor qui recule à mesure qu'on avance, tel le pied de l'arc-en-ciel), du moins une fraction de ce qui en fait le prix – la simple valeur d'usage ou l'émerveillement.

S'il consent à parler, le volcan me dira ce qui existe en moi de lave refroidie, de lac, de bouleau, d'ours brun, de chamane.

J'y déchiffrerai – si je suis attentif – mon côté Dersou Ouzala.

Ma fraction airelle ou saumon rouge.

Ma composante zibeline, aigle pêcheur, renne sauvage ou loup des steppes.

Ma vraie nature de bactérie des premiers âges, qui ne saura jamais pourquoi elle est apparue dans l'univers, mais qui jouit du moment présent dans le bouillonnement d'une source chaude. Blottie dans la matrice aquatique et sensuelle de sa mère la Terre, le temps d'un souffle de vent venu du pôle.

Et rien de plus.

1. RÊVE DE SIBÉRIE

Le Kamtchatka...

Un joli nom, tout en « a », pour un bout du monde. Je le prononce à voix haute. Trois notes. Une cascade de voyelles féminines entre des consonnes plus rudes.

La première chose que j'apprendrai, en allant là-bas, c'est qu'en langue russe on ne dit pas « le », mais « la » Kamtchatka...

Car cette terre de nulle part est fille.

Femme...

A la regarder sur la carte, on se dit qu'elle a des rondeurs. Des formes. Des fesses et une chute de reins. Une cambrure. Qui manque d'imagination sensuelle y verra plutôt une silhouette de dinosaure ou d'hippopotame. De chacun selon ses fantasmes à chacun selon ses obsessions.

La réalité m'apprendra que, si le Kamtchatka est femme, elle est un peu froide. Glaciale, quand le blizzard se lève. On ne se trouve pas impunément attaché au bout de la Sibérie.

Car le Kamtchatka, c'est ça...

L'Extrême-Orient russe.

L'ultime appendice, la queue, la terminaison dans l'océan Pacifique du plus gigantesque des continents : l'Eurasie.

Je vais rallier ce bout du monde. Ce tout là-bas du rêve.

Aéroport de Roissy-Charles-de-Gaulle.

Près de moi, Nicolas Hulot pousse son chariot à bagages vers le comptoir de la compagnie Aéroflot.

Début septembre. Pâle soleil et traînées de brume sur Paris. Quel temps, de l'autre côté de la Terre ? Un nouveau lieu s'esquisse dans mon esprit. Un projet prend forme dans ma cervelle. Une destination de jeu inédite pour mes pieds, mes mains, mes yeux, mon nez, bref ce que je puis déployer d'énergie et de sensibilité.

Le Kamtchatka n'est encore qu'un mot. Quelques images, de rares photos, des récits de voyages, une idée d'itinéraire, la promesse d'un spectacle.

D'abord, une interrogation.

Nous allons tourner un film de télévision, pour la série *Ushuaïa-Nature*, que diffuse T.F. 1.

Je jouerai le rôle du « grand témoin ». Du savant. Du pédagogue émerveillé. Et sage... Normal que j'incarne la sagesse de l'ectoplasme électronique, avec ma barbe qui grisonne, mes rides qui se creusent, ma presbytie qui s'installe. Mais je ne suis pas sûr de me montrer sur l'écran aussi serein qu'on imagine.

Le paradoxe est que je n'en connais pas beaucoup

plus, sur cette péninsule de nulle part, que le public pour lequel je vais parler. Je me rassure en songeant qu'il n'y a pas de honte à enseigner ce qu'on apprend soi-même. Socrate est résumé là-dedans !

Cette terre de l'extrême, je vais l'explorer au fur et à mesure que je la raconterai.

Pour moi, ce voyage ressemble à une quête. Scientifique et littéraire. Philosophique, poétique et esthétique... C'est une offrande de frisson. Un cadeau de plaisir. Une vision de bonheur, entre l'ours et le volcan.

J'ai besoin de ce genre d'aventures. J'y rénove ma capacité d'émerveillement, c'est-à-dire la fraction la plus coruscante de moi-même. La seule dont je sois parfois satisfait. Celle qui bouge et qui cherche. Celle qui refuse l'idée préconçue et récuse les vérités révélées. Celle qui exige que je considère les choses avec mes propres yeux, et que j'essaie de les saisir avec ma matière grise – si mince et légère soit-elle ; si rongée, déjà, par les prémices de la vache folle.

Tout voyage débute comme une histoire d'amour. C'est un coup de foudre. On aime et on ne le sait pas. On s'en doute, mais on feint la surprise. On sent poindre la passion, mais on affecte l'indifférence. On se retrouve prisonnier de ses sentiments sans avoir analysé l'inclination qu'on éprouve. On se précipite dans de délectables ennuis en se demandant comment on peut être aussi bête. On se jette dans l'inconnu avec délices, et il devient difficile d'incriminer quiconque des désagréments auxquels on s'expose.

Mon Kamtchatka à moi commence pendant mon

enfance, comme toutes les grandes choses dont on ne se défait pas et qui, ou bien se réalisent, ou bien se muent en frustrations.

Je me rappelle une gravure contemplée dans je ne sais plus quelle revue (*Le Tour du monde*, je présume), chez mon grand-père. J'ai dix ans. L'image représente l'explorateur Vitus Bering en mer de Sibérie. Je revois la légende : « Vitus Bering au Kamtchatka. » Et la scène : un homme en habit de fourrure, debout à l'avant d'une baleinière où rament des équipiers ; une côte à l'arrière-plan ; dans les vagues, deux de ces énormes vaches de mer que l'expédition découvrit, qu'on baptisa « rhytines de Steller », et auxquelles les humains firent un sort déplorable.

Je me remémore cette gravure, même si je l'ai rêvée. Et le mot : « Kamtchatka. »

Compliqué à lire, donc empli de mystère.

A cette date, je me dis que j'irai jouer les explorateurs dans le sillage de Bering. Le jeu de l'explorateur est celui que je préfère. Je le pratique sur un tas de foin de la grange de mon grand-père, à concurrence avec des jeux de papa-maman et du docteur, qui concernent une autre exploration et pour lesquels je bénéficie de la complicité de Marie-Thérèse, qui a le même âge que moi et une délicieuse différence.

La deuxième image que je me forme de la péninsule date de Mai 68.

Je lis le roman *Dersou Ouzala*, du Russe Vladimir Arséniev, dont le cinéaste japonais Akira Kurosawa tirera un film inspiré. L'action se passe, non pas au Kamtchatka, mais juste en face, de l'autre côté de la mer d'Okhotsk, dans la région de l'Oussouri et des monts Sikhoté Aline. Vladimir Arséniev y peint des printemps enchantés de tigres de Sibérie, de zibelines et d'ours bruns, une taïga profuse et des clairières bleues d'iris « aux nuances les plus diverses, allant d'un bleu pâle à un violet presque sombre ». Avec des peuples « d'orchidées de teintes variées, mourons jaunes, campanules lilas foncé, muguets parfumés, violettes des bois, bleuets rosés, œillets écarlates, lis rouges, orange ou jaunes »... Autant dire : un Paradis de corolles débordantes de nectars que les abeilles, les ours et moi-même adorons lécher.

Telle est ma deuxième image de ce bout du monde : l'iris de Sibérie et l'ours brun.

La troisième perspective est celle d'un volcan qui explose. Je me remémore ce rêve, dont – voici une trentaine d'années – je puise l'inspiration dans un livre d'Haroun Tazieff. Le volcanologue y décrit l'un des plus formidables cataclysmes éruptifs qui se produisirent dans l'Histoire : celui qui, en 1956, envoya dans la stratosphère le cône pulvérisé du Bezimiannyi. Littéralement, le « Sans Nom ». Il n'y eut pas de victimes humaines, parce que personne ou presque n'habite le Kamtchatka.

Vitus Bering, l'iris, l'ours, le volcan : c'en est assez. Je pars.

Les passagers du vol Aéroflot pour Moscou sont invités à se présenter à l'enregistrement. Les équipiers se trouvent ou se retrouvent. Poignées de mains. Bêtises proférées.

« J'espère, lance quelqu'un, que tout le monde a sa bouteille de vodka ! »

Ne pas oublier la vodka. Qui voyage en Russie ne saurait négliger cet ingrédient philosophique.

2. PARIS, AÉROPORT CHARLES-DE-GAULLE

Je rêve d'un voyage à l'ancienne.

D'un périple qui commence en larguant les amarres et en hissant les voiles à la sortie du port ; avec l'espoir de toucher un vent favorable.

Faute de brise, on sacrifie Iphigénie.

De nos jours, les itinéraires au long cours débutent sans vierge offerte au dieu Poséidon. En un certain sens, la poésie y perd. On s'en va dans un tintamarre de réacteurs, que balance la voix sirupeuse d'une hôtesse en jupe étroite et épilée de frais : « Mesdames et messieurs, le commandant Agamemnon et son équipage... Pour votre sécurité, nous vous prions d'attacher... Nous allons procéder à une démonstration... En cas de dépressurisation... » Et ainsi de suite jusqu'à « Notre décollage... », sans oublier le « léger retard de quarante-cinq minutes... ».

La mondialisation, c'est le béton.

Sur la planète entière, les aéroports se ressemblent. De Paris à New York et de Montréal à Tokyo, les salles d'embarquement et les restaurants de bouffe rapide, les kiosques à journaux et les toilettes sont conçus selon les mêmes plans, édifiés avec les mêmes matériaux et décorés à l'identique. Personne n'est surpris en mastiquant son sandwich ou en se vidant la vessie. Les deux activités finissent par avoir le même goût.

Homo sapiens est un animal paradoxal.

D'un côté, il est curieux. Il explore.

De l'autre, il a peur de l'inconnu. Afin d'abaisser son niveau de stress, il reconstruit partout un cadre de vie où il a ses repères. Fût-ce au prix de la laideur.

Roissy-Charles-de-Gaulle est gris, moche, sans âme, comme ses homologues des cinq continents. Les betteraves alentour ont plus d'humanité. Du reste, je subodore que les aéroports ont été volontairement rendus hideux pour inciter les voyageurs à monter dans l'avion. Nul ne décolle sans se demander dans quel état il redescendra, et nous acceptons mieux l'idée de mourir loin d'un endroit exécrable.

Je fais connaissance avec les membres de l'équipe d'*Ushuaïa-Nature*.

Nicolas Hulot.

Son personnage télévisé, bien sûr. L'allure sportive, le nez aquilin, le cheveu long et libre. Ce ludion aventurier, un peu fou à ses débuts, fasciné par l'idée de devenir un oiseau et prêt à s'élancer de n'importe quel endroit en U.L.M., deltaplane ou parapente, a pris de l'âge ; et l'épaisseur humaine et morale qui va avec. Moins obsédé de galipettes audimatées, et plus soucieux de jouir de la splendeur de la Terre, il utilise sa notoriété pour faire aimer la beauté et tenter de protéger ce qui peut l'être. Je l'ai rencontré il y a plusieurs années. Il m'avait invité, dans une émission de radio, à présenter un de mes livres. Un « Paccalet-Cousteau » : *Les Iles du Pacifique*. Nous nous étions découvert des points communs, surtout la passion des lointains et le désir d'aller les contempler. Afin d'en dire du bien et d'aider à préserver la planète de ce qui forme à la fois son plus séduisant locataire et son plus mortel ennemi : l'homme.

Le réalisateur de l'émission, Gil Kébaïli, est déjà en repérage de l'autre côté de l'Eurasie. Nous nous reverrons au Kamtchatka, où il organise le camp avec une équipe russe, le cadreur Christophe Kenck, le preneur de son Yannick Fleuriault et les deux chevilles ouvrières de la bande, Damien Chatard et Pierre Lenormand.

Billets. Passeports.

Je considère mes compagnons.

Alain Tixier, la cinquantaine, laisse traîner sur son nez ses besicles de lecture. C'est un des réalisateurs attitrés de Hulot. Il doit mettre en boîte, dans le nord du Kamtchatka, un film dans le film consacré aux derniers indigènes de la péninsule : les Koriaks, redevenus éleveurs de rennes après avoir survécu à la machine à décerveler du communisme.

Il fait équipe avec Boris Chichlo, un Russe émigré en France, devenu chercheur au Centre national de la recherche scientifique (C.N.R.S.). Spécialiste des aborigènes de Sibérie.

Le cadreur de cette petite unité s'appelle Thierry

Naud : un grand type rieur, qui semble aimer sa caméra d'amour tendre.

Le preneur de son est une... preneuse. La seule femme qui nous rapproche de la parité. Odile Darmostoupe regarde le monde avec des yeux d'azur, lumineux comme des lacs de glacier. Elle ne se contente pas de rêver l'horizon : elle y va, en déployant une rondeur de manières et une douceur de lignes qui contrastent avec la vigueur de son tempérament.

Les formalités s'achèvent. Les visas sont en ordre. Les employés de l'Aéroflot s'inquiètent de l'amoncellement de bagages qui nous accompagne. Quarante colis, deux tonnes... Je n'ai pas l'habitude. Quand je rejoignais la *Calypso* du commandant Cousteau, tout était à bord. Depuis que je passe mon temps à me balader sur les sentiers d'Europe, un sac à dos, un appareil de photo et un carnet de notes me suffisent.

Ici, ça déménage !

Non seulement une partie de l'expédition est déjà sur place avec les tentes et une part des équipements, mais un troisième groupe nous rejoindra dans quelques jours.

Sur les tapis roulants, le bric-à-brac de malles, de valises, de sacs à dos et de sacs de voyage a de quoi abasourdir le voyageur ordinaire. Outre nos affaires personnelles, je vois des caisses chargées de batteries, de moniteurs, de cassettes, de pièces de rechange, d'objectifs, de micros, de fils, de prises, d'appareils médicaux... Y compris un kayak à voile en trois morceaux...

On nous recommande de tout fermer, non seulement à clé, mais une seconde fois avec du papier collant. Nous épuisons des rouleaux adhésifs. Chaque bagage devient une momie que ne pourront pas violer les employés de la manutention dans les aéroports russes. J'ai connu ce désagrément dans des pays du tiers monde. Dans ma tête façonnée par la guerre froide, l'Union soviétique ne faisait pas partie des pauvres. J'aurai l'occasion de constater à quel point les Russes sont misérables, même si certains ont amassé des fortunes.

Je discute avec les uns et les autres.

Le médecin de l'expédition, Michel Cadot... La trentaine passée, le visage doux, les cheveux longs, noirs et bouclés. Il est non seulement toubib, mais alpiniste. Il exerce à Chamonix.

Le cadreur, Patrice Aubertel... Lui aussi est savoyard. Il vit à Bourg-Saint-Maurice, autant dire à portée de souliers de Tincave, où j'ai mes racines, mêlées à celles du sabot-de-Vénus et du lis orangé. Ce n'est plus *Ushuaïa-Nature*, c'est une mission « Petits ramoneurs »...

Le photographe, Georges Bosio... Une petite cinquantaine d'années, la voix de Droopy et la veste pleine de poches. Il incarne l'un des plus grands râleurs et pince-sans-rire que j'aie connus. Demandez-lui si ça va : la réponse est « Non ! » Après quoi, il dévide la litanie de ses souffrances. Pour l'heure, il ignore s'il va partir, car il est atteint d'une angine qui promet de virer à la pneumonie.

Bruits d'aéroport. Jingles musicaux. Appels doucereux dans des micros lointains, pour des destinations qui clignotent sur des panneaux lumineux. M. Pierre

Martin est prié de se présenter à la porte numéro seize. « Je répète, M. Pierre Martin... » On nous réclame à notre tour. Hulot signe des autographes : les meilleures renommées finissent en gribouillis.

Nos bagages partent sur le tapis roulant. Debout, de travers ou cul par-dessus tête... Les employés d'Aéroflot approchent de la crise de nerfs. Certains colis hors gabarit empruntent une porte qu'on ouvre exprès pour eux. Je forme une pensée affectueuse à l'endroit de mon sac de voyage. Qui confie cet accessoire à un comptoir d'aviation doit accepter l'idée qu'il ne le reverra jamais. J'ai connu le plaisir qui consiste à atterrir en Nouvelle-Zélande et à s'entendre dire que, « par suite d'une légère erreur », la valise est en Australie.

« A nous, les ours ! A nous les volcans ! lance quelqu'un.

— On n'y est pas ! ricane Georges Bosio... Je ne veux saper le moral de personne, mais vous connaissez la réputation des avions russes... »

3. MOSCOU, AÉROPORT CHEREMETIEVO

Retard normal.

Accélération. Décollage.

Notre appareil est un Ilyouchine 86. Un modèle inquiétant, selon Alain Tixier qui s'y connaît en avions. Je préfère camper parmi les ignorants.

Pour l'instant, les réacteurs poussent selon leur plan de charge, sans rechigner ni hoqueter. J'écoute les démonstrations de sécurité en russe, une langue dont je sais déchiffrer les caractères, ce qui est un peu juste pour apprécier Pouchkine. Le repas est aussi bon qu'il peut l'être en avion, c'est-à-dire insipide. Poisson fumé. Salade fatiguée. Fromage crayeux. Gâteau pâteux. Bordeaux correct. Fiole de vodka.

Autant se mettre dans la note. Cul sec.

Je discute avec Nicolas Hulot. Souvenirs du bout du monde. J'aime l'entendre évoquer les lieux de la Terre que je n'ai pas courus. Nicolas me peint le Groenland, où il vient de descendre au cœur d'un glacier, dans un tunnel d'azur enchanté de cascades de cristal. Il me décrit le delta de l'Okavango, où j'irai bientôt saluer les crocodiles, si les ours sibériens ne me mangent pas. Il parle de la sylve d'Irian Jaya où m'attend, depuis mon enfance, certain papillon ornithoptère aux ailes de topaze et d'émeraude, que je dessinais d'après la planche en couleurs du *Larousse en deux volumes* de mon père.

Je regarde Nicolas. Il a dix ans de moins que moi. L'œil vif. Il séduit, il entraîne une équipe. Il sait ce qu'il cherche, et il le trouve. J'estime ceux qui vont au bout de leur désir. La plupart des humains se satisfont de vagues projets. Ils espèrent. Puis ils vieillissent et perdent jusqu'à la mémoire de leur passion. Quant à moi, j'essaie de ne pas confondre l'acte de rêver, qui embaume l'existence, et celui de rêvasser, qui instille l'amertume.

L'avion est peu rempli. « Tant mieux ! observe Georges Bosio : ça fera moins de victimes... »

Avec Alain Tixier, nous causons tournages bizarres. Il me raconte un atterrissage héroï-comique – Nicolas Hulot, suspendu à un engin volant qui, ce jour-là, refuse de rester en l'air ; le héros se retrouve en guenilles dans un buisson d'épines. Je narre la façon dont, en Ouganda, Philippe Cousteau voulut poser son hydravion Catalina, avant de s'apercevoir, à l'ultime seconde, que le lac où il allait amerrir avait moins d'un mètre de profondeur. Remise des gaz *in extremis*. Frissons.

« Tôt ou tard, grommelle Georges, ça finit mal... »

Pour Philippe Cousteau, ce fut le cas.

J'échange d'autres souvenirs avec le Dr Michel Cadot. Nous parlons de Chamonix. Il me raconte une ascension au pilier Bonatti, dans les Drus. Il connaît mon plus jeune frère, Michel, et mon neveu, le guide David Ravanel, qui – comme lui – jouent les araignées dans les surplombs. J'évoque le temps où j'habitais un mini-chalet (un « mazot ») aux Mouilles, près du chemin de fer du Montenvers. J'avais vingt-quatre ans, je terminais en principe mes études à l'Ecole normale supérieure, je sortais chaque soir en boîte. Un matin, au lieu de me coucher en régurgitant l'alcool, j'ai enfilé mes chaussures de montagne et je suis monté marcher sur la mer de Glace et le glacier de Léchaux, jusqu'au pied de la face nord des Grandes Jorasses. Là, allongé sur un bloc erratique, la tête sur un four à cristaux, j'ai entendu battre le cœur des Alpes. J'ai compris que, dans ma vie, j'accomplirais plus de balades sur les sentiers sauvages que de descentes dans les night-clubs. A chacun sa drogue : mon alcool se nomme « nectar de fleurs » et mon tabac « vent du monde ».

Je n'en suis pas moins intoxiqué.

Je discute avec le cadreur Patrice Aubertel. Sujet : la Tarentaise. Le mont Pourri, la Grande Sassière et la Grande Casse. La beauté du hameau du Monal, au-dessus de Sainte-Foy ; ses mini-chalets aux toits de lauzes ; sa chapelle et son lac d'émeraude, plus pur que le cœur d'un enfant de chœur. (Je fus enfant de chœur. Je regardais sous les jupes des filles avec un délicieux redressement de ma pureté personnelle.)

Boris Chichlo est le plus secret.

Ce Russe aux yeux clairs et à la barbe gris-roux semble triste. Il parle un français parfait, d'une voix douce. On jurerait qu'il craint encore la police politique. Il connaît les peuples aborigènes de Sibérie mieux que personne. Il me décrit leur misère ; la nécessité où ils se trouvent d'en revenir à l'élevage du renne ; et la renaissance du chamanisme dans leurs villages, après quatre-vingts ans de marxisme-léninisme et de russification forcée.

Je regarde à travers les hublots.

Des nuages pommelés, d'une texture gris perle et coton grand-mère, couvrent l'Allemagne, puis la Pologne. Je cherche à identifier les fleuves qui scintillent dans les trouées. J'adore faire de la géographie à 10 000 mètres d'altitude. Après le Rhin et l'Elbe, je reconnais l'Oder et la Vistule. Les plaines de Biélorussie s'étendent comme un début d'infini. Celles de Russie ressemblent à un infini multiplié par un espace.

« Mesdames et messieurs, nous commençons notre descente vers Moscou...

— Voilà ! dit Georges Bosio. Ça va mal finir... »

Nous atterrissons sous un superbe ciel clair que le soleil barbouille d'orange au couchant. Autour des pistes, les bouleaux mettent en scène une Russie de carte postale. L'automne teint d'or et de cuivre la taïga sur une longueur de 10 000 kilomètres. Le plus fabuleux coup de pinceau du monde, donné par un artiste démiurge dont un pied est posé en Europe et l'autre au Japon... Je me réjouis à l'idée que je courrai bientôt dans cette splendeur, tel un ours enivré de jus d'airelles.

Débarquement. Comme tous les airs du monde en descendant d'avion, celui de Russie pue le kérosène. Si j'étais pape (ce qu'à diable ne plaise !), j'attendrais d'être sorti de l'aéroport pour embrasser le sol du pays que je visite. A quoi rime de baiser le même asphalte sous toutes les latitudes ?

Police. Douane. Nous pensons que cela prendra un peu de temps.

Un peu de temps... Où se niche l'optimisme !

D'abord, tout semble normal. Deux jeunes Russes – une fille et un garçon, âgés d'une vingtaine d'années – nous accueillent. Ce sont nos interprètes, envoyés par une agence de conseil aux sociétés occidentales qui font des affaires en Russie. Sonia et Sacha... Blonds, beaux, bref débordants de ce « charme slave » sans lequel il n'est pas d'humanité cyrillique. On se croirait dans Tchékhov.

Ce sera Boulgakov. Ou Zinoviev.

Nous récupérons nos bagages sur le tapis roulant, nous les empilons sur des chariots, nous marchons vers la douane. Où tout se gâte.

D'abord, sans en avoir l'air ; puis franchement. Le problème est que nous devons faire entrer en Russie quarante colis, dont certains énormes. Les douaniers n'ont jamais vu un tel b...ric-à-brac. La femme qui officie au guichet pousse un couinement désespéré, déserte sa guérite et entre en conciliabule avec un collègue. Celui-ci semble dormir, la casquette de travers, les cheveux dans le cou et la cigarette éteinte au coin de la bouche. Il lève une paupière et nous dévisage d'un œil rouge. Il n'incarne pas la sobriété.

« Je le sens mal..., murmure Georges Bosio.

— Il est en train de dire à sa collègue que ça ne va pas du tout », traduit Boris Chichlo.

Je raconte la vieille blague soviétique du pessimiste qui se lamente : « C'est terrible : ça ne peut pas être pire ! », et de l'optimiste qui lui répond : « Mais si ! Mais si ! » Tout le monde la connaît ; personne ne rit.

Le couple de douaniers disparaît derrière une porte. Une demi-heure. Une heure.

Je m'assois sur une caisse. Cette partie de l'aérogare Cheremetievo ressemble à ce que j'imaginais de la prison de la Loubianka, mais rehaussée par les prémices de la publicité occidentale. Du béton gris et sale. Des fils électriques en vadrouille. Des lézardes aux murs. Des guichets aux allures de parloirs. Des recoins qui évoquent des cachots. Des fonctionnaires vêtus comme des matons et héritiers de huit décennies de bureaucratie... Dans ce décor, tout individu normal se sent coupable.

Mais les boutiques hors taxes sont clinquantes. Hurlantes de rouges et de jaunes... Elles proposent du tabac et des alcools. Camel, Marlboro, Moët et Chandon, Rémy Martin, etc. Une famille d'Iraniens passe en détournant le regard, la mère et la fille enfouies sous le tchador : j'aime la lumière de leurs yeux noirs sous leurs gros sourcils. Des Japonais se pressent à petits pas. Un Pakistanais arbore un turban des *Mille et Une Nuits*. Des Français nous saluent en rigolant. Des Anglais semblent revenir de l'empire des Indes. Des Américains braillent, dopés par le dollar et les calories McDonald's. A l'aéroport international de Moscou, les plus rares semblent encore les Russes.

Un douanier moustachu et casquetté, à l'évidence supérieur hiérarchique des précédents, soigne son entrée en scène. Il réclame un descriptif de notre matériel. Non pas un formulaire pour la totalité de l'équipement : il en veut un pour chaque objet. En trois exemplaires. Rédigés à la main. Et en russe.

Cette paperasse prendra des heures.

Impossible de s'y atteler maintenant : le service des douaniers se termine. Tout est consigné dans un local de quarantaine. Thierry Naud a caché sa caméra dans un sac. Le fonctionnaire à l'air endormi évente la fraude et exige que la Betacam passe la nuit au poste, comme tout le monde.

On nous laisse nos affaires personnelles.

4. MOSCOU, HÔTEL NOVOTEL

L'hôtel Novotel de Moscou.

Loin de moi l'intention de faire de la publicité, sauf aux volcans et aux ours. Il fallait un logis, ce fut celui-là. Nous y débarquons en espérant que, demain, nous ferons le grand bond en Orient. O chimère !

La bâtisse se dresse à quelques centaines de mètres de l'aéroport. Par la fenêtre de ma chambre, j'aperçois l'enseigne de néon, en caractères cyrilliques rouges comme feu le communisme : « Moskva, Cheremetievo, Terminal 2. »

Sommeil entrecoupé d'un cauchemar au visage de douanier sardonique.

Notre matériel est consigné en attendant les instructions. Bizarrerie des « instructions » dans les pays bureaucratiques. Kafka et Boulgakov ont décrit cela. Qui « instruit » ? Mystère. Qui obéit ? Tout le monde. Le gabelou abuseur de vodka a alerté ses supérieurs.

Avec ses yeux de marmotte de septembre accablée par le poids du monde, il nous a coincés.

Bruine sur la cité. Petit déjeuner dans la salle à manger de l'hôtel. Les chambres sont disposées autour d'un vaste puits central. Un ascenseur vitré permet de voir arriver les convives. Chacun incarne, tour à tour, l'objet de l'attraction et le spectateur.

Les petits déjeuners des hôtels internationaux sont à la fois rassurants et consternants. Le premier jour, ils séduisent. On hésite entre une profusion de mets où se côtoient les goûts français (café, croissants, confiture), anglo-saxon (thé, œufs au bacon, marmelade) et allemand (saucisses, saucisses, saucisses). A quoi s'ajoutent les spécialités locales. On sait où l'on va, avec ce frisson d'aventure qui consiste à oser la charcuterie allemande avec le cornichon à la russe. On prend de tout, parce que la nature humaine cède à la tentation de pillage. Le deuxième jour, on picore. Le troisième, on jeûne.

Je suis frappé par le nombre des employés. Chaque client en a plusieurs à sa disposition. Les ex-pays communistes doivent donner du boulot à des masses de chômeurs. On y est loin du rendement *per capita* qui obsède les sociétés riches. Chaque service (apporter une serviette, remplir la corbeille à pain...) offre à deux ou trois filles ou garçons l'occasion d'intervenir ; sur l'ordre d'un sous-chef ; chapeauté par un chef ; qui rend des comptes à un sur-chef ; et ainsi de suite.

Sacha et Sonia, les jeunes gens de l'agence, nous rejoignent. Avec son visage d'ange et ses yeux bleus,

Sacha pourrait être pop star : j'imagine les groupies en pâmoison. Sonia est jolie, elle aussi : les cheveux cendrés et les yeux noisette. Une héroïne de Tchékhov, quoique trop maquillée. Les filles russes veulent rattraper leur retard de pomponnage sur l'Occident, mais ne disposent que de cosmétiques bas de gamme ; fonds de teint criards et parfums vulgaires.

Georges Bosio, Thierry Naud et Boris Chichlo partent remplir les papiers à la douane : un formulaire par objet, en trois exemplaires, en russe et à la main. Ils reviennent déjeuner. Boris a compris le fond du problème : les autorisations d'entrée en Russie nous ont été accordées par la région du Kamtchatka. La bureaucratie centrale tient cette invitation pour un péché d'indépendance et punit le sécessionnisme larvé.

Le bakchich se pratique en Russie comme ailleurs. Nous en évoquons l'idée. Mais un énorme pot-de-vin n'y suffirait plus. Trop de fonctionnaires sont alertés.

A question politique, solution de haut vol.

Nicolas Hulot réussit à joindre le président Jacques Chirac, qui alerte son homologue russe Boris Eltsine. L'ambassadeur de France à Moscou rédige une lettre. L'après-midi, nouvel espoir. Eltsine aurait donné des instructions. Le problème est que notre avion pour le Kamtchatka s'est envolé.

Je songe au destin de la Russie. L'ordre soviétique a laissé des couches sédimentaires de pouvoirs successifs, entre lesquelles le fleuve de la vie peine à ouvrir un nouveau cours.

A l'hôtel, je me livre à des activités aussi exaltantes que de regarder le résumé des matchs de coupes d'Europe de football sur Eurosport. Je zappe sur les programmes en français que diffuse T.V. 5. Plaisir instantané du voyageur qui entend sa langue loin de son foyer !

Au matin du deuxième jour, je me demande si ce voyage aura lieu.

Selon Sacha et Sonia, rien n'a bougé, malgré l'intervention d'Eltsine. La lettre de l'ambassade de France ne suffit pas : il faut y ajouter une attestation de la chaîne T.F. 1. Et remplir derechef les papiers en russe, en trois exemplaires et à la main. Naud, Bosio et Chichlo s'y collent : preuve qu'il ne faut jamais accepter de tâche ennuyeuse. On en devient le spécialiste et on se tape toutes les corvées.

Je ne suis utile à rien, par conséquent je vais visiter Moscou en compagnie d'Odile Darmostoupe, Alain Tixier et Michel Cadot. Notre taxi est une Lada Spoutnik (c'est écrit dessus) rouge et fumante, c'est-à-dire réaliste-socialiste. D'énormes immeubles (parallélépipèdes d'ennui) bordent la chaussée de Leningrad, sur laquelle nous avançons dans une circulation fluide. L'avenue fut ouverte à l'usage des chars d'assaut : elle offre de l'espace. Certaines façades sont décorées de publicités pour des marques de voitures ou d'appareils ménagers, mais surtout d'alcools et de tabacs. Ce détail résume la différence entre les pays pauvres et les riches. Marlboro ou Johnny Walker (je cite au hasard) ne craignent pas d'inciter le Russe, l'Asiatique ou l'Africain aux maladies collatérales que leur profit génère, et dont la promotion est prohibée en Europe ou en Amérique du Nord.

Notre Spoutnik fume. Voici l'ancien gymnase du K.G.B., reconverti en boîte de nuit. Et le stade du Dynamo de Moscou, que parraine la marque Adidas. Une église restaurée brille de ses toits dorés, avenue de Tver (ex-Gorki). Moscou semble propre et ses habitants vaquent, même si les prix montent à mesure que le rouble baisse. Un McDonald's. Un autre, près de la mairie. Nous visitons l'hôtel Intourist, où furent parqués les journalistes et les voyageurs au temps du socialisme radieux. Son restaurant mexicain, la Cantina, semble irréel, avec ses mariachis à guitares. Je caresse les plantes vertes historiques où, dit-on, bourgeonnaient autant de micros que de feuilles.

La place Rouge.

J'y entre par la porte de l'Ascension, récemment reconstruite. La chapelle Iverskaïa est remplie de monde. Des prières montent. Dieu m'envoie un clin d'œil sous la forme d'un reflet dans la nue ; seuls les athées reçoivent ce genre de signes. Je regarde trembler la flamme des cierges. Il y a une beauté pathétique dans cette ferveur orthodoxe. Je suis sidéré par la piété des gens – non seulement des *babouchkas* vêtues de noir, mais de jeunes femmes et hommes. Le matérialisme dialectique est soluble dans l'icône. La religion constitue une idée simple, rassurante et égalitaire. Au fond, si communiste ! Dans l'au-delà, chacun a sa chance. Quand sonneront les trompettes du Jugement, le pauvre passera avant le riche. Ainsi s'achève la lutte des classes.

Comme l'éléphant de Vialatte, la métaphysique est irréfutable. Dans sa version religieuse, l'utopie du partage développe une force incroyable. Elle n'a pas à supporter l'épreuve du réel.

Il ne reste au mécréant que l'ironie. Je souris avec bienveillance.

La place Rouge fut le symbole de la puissance soviétique. Le haut lieu des défilés militaires qui l'exaltèrent aux accents de *L'Internationale*, avec des colonnes de chars aux couplets et des batteries de missiles au refrain... Je foule les pavés lissés par tant de bottes de troufions. Il me semble apercevoir, à la tribune du Kremlin, les ombres de Lénine, Trotski, Staline, Beria, Khrouchtchev, Molotov, Brejnev, Andropov et compagnie. En noir et blanc, comme dans un film d'actualités des années cinquante ou dans un reportage télévisé des années soixante.

Mais la place Rouge est une splendeur.

Je ne parle pas du mausolée de Lénine où le cadavre mal embaumé d'Oulianov a cessé d'être lui-même à force de restaurations ratées. (On chuchote que la carcasse de Vladimir Ilitch se putréfie de façon inexorable, et qu'on remplace les pièces perdues par du plastique ou... des morceaux de chair humaine. Certains ricanent en disant qu'on n'y trouverait plus assez d'A.D.N. pour démontrer qu'il s'agit bien du père de la Révolution prolétarienne.)

Le reste est harmonie. A gauche, toits d'or, murs blancs et parements vermillon, l'église de la Mère-de-Dieu-de-Kazan semble une écharpe d'aurore jeté sur l'épaule de la Russie. Au bout de la place, en allant vers la Moskova, l'église Basile-le-Bienheureux concentre des siècles de génie russe. Je marche vers elle. Au passage, je jette un œil sur la porte Saint-Sauveur et l'entrée du Kremlin ; sur le grand hôtel Rossia, triste gratte-ciel qui ébrèche la grandeur de la scène ; et sur la statue équestre du maréchal Joukov (partout prolifèrent des héros belliqueux en bronze ; voyons-y une anomalie de l'arbre évolutif des primates).

Je fantasme sur les longues jambes (mais vilains bas) et les seins ronds (mais méchant soutien-gorge) d'une Moscovite.

L'église Basile-le-Bienheureux resplendit sous un cumulus d'orage. Un rai de soleil tombe par un trou du nuage et vient sublimer l'or des croix. Dans un angle, un tilleul copie la silhouette du monument. Je me dis que l'architecte de cette basilique fut *l'Idiot* sublime de Dostoïevski. Ou quelque cosaque soucieux d'imiter les ondulations des crinières de chevaux sur l'herbe de la steppe... Les murs de la bâtisse portent des fresques de fleurs – des gentianes bleues et rouges. Je détaille les quatre tours aux toits de flammes. Ces dômes, ces bulbes torsadés, ces spirales de couleurs imbriquées – grenat, bleu-vert, rouille et cuivre : c'est la Russie entière, bordée d'une ligne de volcans en éruption.

Ceux du Kamtchatka, bien sûr !

Etrange simulacre...

Je marche vers le pont qui enjambe la Moskova et propose, organisée par l'eau gris-vert, la plus belle perspective sur la ville. Les toits jaunes du Kremlin. La cathédrale d'albâtre et d'or du Christ-Sauveur. Les bâtiments staliniens de l'Université et de l'hôtel Ukrainia...

Moscou. Une cité où presque tout est laid, mais que des miracles d'architecture transmuent...

La pollution des automobiles, dont les pots fument autant que les cheminées de la centrale thermique, me rappelle aux réalités. J'avise une réclame pour la Renault 19 (en cyrillique, *« PEHO 19 »*). Une corneille mantelée s'est perchée sur le panneau publicitaire. Elle ordonne la scène. Elle règle la lumière du ciel et l'épaisseur des nuées ; les reflets de la rivière ; le velours des pavés ; jusqu'au sentiment de paix qui m'envahit. J'aime les corneilles mantelées. Elles sont jolies, avec leur habit de charbon et leur gilet d'argent. Elles symbolisent l'Europe orientale comme leurs cousines noires résument l'Ouest ; sachant que, pour elles, l'Est commence aux Alpes, et que la Corse en fait partie.

L'oiseau décolle et va se poser sur un lampadaire du pont sur la Moskova, près d'un couple d'amoureux.

Mieux que nos politologues ou sociologues, la corneille détient la clé du mystère russe. Je lui fais confiance. Elle – ou l'une de ses cousines – m'attend là-bas. Au Kamtchatka.

Devant un massif de volcans semblable aux clochers à bulbes de l'église Basile-le-Bienheureux.

5. AU-DESSUS DE LA SIBÉRIE

Moscou, hôtel Novotel.

Petit déjeuner, troisième !

Je choisis les saucisses allemandes pour narguer mon estomac. Qui se vengera.

« Bon, s'énerve Nicolas Hulot. Aujourd'hui, ça passe ou ça casse. On part pour le Kamtchatka ou on rentre à Paris. »

Je déteste penser que, dès ce soir, je reverrai la tour Eiffel. Mais les nouvelles sont médiocres. Nous devons réécrire *(ter repetita)* nos listes de matériel pour la douane. En triple exemplaire, *et caetera*.

« J'ai l'impression de jouer *L'Aveu* ! dit Georges Bosio. Nos interlocuteurs ne sont jamais les mêmes, et il faut toujours tout reprendre à zéro... »

Vieille technique des « organes » : faire inventer par l'accusé le chef d'accusation qui le condamne. Je suis sidéré par la vitalité de cette bureaucratie soviétiforme.

L'ambassade de France nous aide comme elle peut. Les journalistes du bureau de T.F. 1 à Moscou se mobilisent et exercent une pression médiatique. Les jeunes gens de l'agence, Sacha et Sonia, ont cru comprendre que le ministre russe des Affaires étrangères nous prépare un ordre de mission.

A 2 heures, la nuit prochaine, un avion décolle pour le Kamtchatka. Nous y serons peut-être. Mais nous réservons nos places sur le vol de 18 h 30 pour Paris. Si ça ne se débloque pas cet après-midi, c'en sera fini de l'aventure. Adieu, ours, forêts, volcans, fumées...

Reste une journée à perdre. Ou à gagner... Par exemple, en allant de nouveau visiter Moscou avec Odile Darmostoupe, Alain Tixier et Michel Cadot.

Aujourd'hui, le taxi Lada Spoutnik est jaune.

Et la place Rouge éclaboussée de lumière.

Les cônes éruptifs – pardon : les clochers à bulbe – de Basile-le-Bienheureux rutilent. Un reflet de ciel écarlate les couvre d'un flux de photons qui coule comme une lave subtile en direction de la Moskova.

La corneille mantelée surveille la scène. Elle croasse au-dessus de ma tête. Je me dis qu'avec un présage favorable ça devrait s'arranger. L'oiseau s'envole à gauche. J'ignore cette fâcheuse magie.

Nous allons déambuler dans le Goum. L'ancien grand magasin soviétique, le seul d'U.R.S.S. qui fut (à peu près) approvisionné à l'époque, a été divisé en une multitude de boutiques que relient des enfilades de galeries et d'escaliers tarabiscotés. On songe aux architectures en illusions d'optique de M. C. Escher. Les produits sont bas de gamme, avec quelques vitrines où le luxe s'étale. Les clients affluent. Je contemple le capitalisme en marche. Je dédie la scène à la mémoire du bolchevik inconnu ; celui qui voulut faire chanter les lendemains et tomba sous les balles tsaristes, un jour d'Octobre, en criant : « Liberté ! »

La moustache de Staline en rit encore.

La station suivante est au théâtre Bolchoï. Le « Grand Théâtre ». Bâtisse néoclassique. Temple à colonnes, aux murs rose et blanc. Il me semble y ouïr les chœurs millénaires de la Russie, mais ce sont de vraies répétitions. *Boris Godounov*. Le fantôme de Moussorgski tient la baguette derrière le rideau rouge, en vérité effiloché. Lorsque je ressors sur la place, un géant barbu au casque globuleux, en forme de couronne de tsar, enfourche sa monture : une moto pétaradante, dont le nom de marque est inscrit sur le réservoir, « Oural ».

Boris Godounov chevauche son destrier...

Un taxi nous emmène avenue Arbat, qu'Alain Tixier (familier de Moscou) tient à nous présenter. Qu'on se figure une perspective bordée d'immeubles trapus et encombrée d'échoppes, de kiosques et de baraques. Les commerçants vendent tout, n'importe quoi et autre chose. Les pièces pour automobiles, les matériaux de bricolage et les appareils ménagers d'occasion côtoient les chaussures et les souvenirs pour touristes. Devant un authentique *bistro* russe (c'est écrit sur l'enseigne), je farfouille dans un lot d'uniformes de l'armée Rouge (ah ! ces casquettes à visière !). Je déniche une tenue de général au veston caparaçonné de médailles. Je m'imagine en officier cliquetant, le 1er mai, au balcon du Kremlin, près de Brejnev. Un fou rire me saisit. Un quasi-orgasme intellectuel, né de la transgression d'un tabou pacifiste...

Des boutiques entières sont emplies de poupées gigognes. Outre les classiques *babouchkas*, on y voit Boris Eltsine décliné en Gorbatchev, Brejnev, Lénine, Marx et, pour finir, Staline. Bill Clinton s'y transmue en Reagan, Oncle Sam, Hillary Clinton, Monica Lewinsky, *at least*... en saxophone. Cet humour populaire me convient. Il est vivifié par l'irrespect. J'y vois la révolte de la Russie contre la pauvreté, la bureaucratie et le militarisme.

Je lèche les vitrines où sont exposés des copies d'icônes et des tableaux. Une majorité de « croûtes », bien sûr. Mais je découvre un trésor : une *Scène d'hiver* dans la manière de Pierre Brueghel, avec des moujiks qui marchent dans la neige, un étang gelé vert pâle et des corneilles mantelées sur un bouleau. Je n'ai pas assez de place, dans mon sac de voyage, pour emmener la toile au Kamtchatka. Je me jure que je l'achèterai au retour. Erreur. On ne passe jamais deux fois devant le même chef-d'œuvre.

Voici la maison que Pouchkine habita en 1831. Bleu ciel et blanc. En bois. Basse, simple, superbe. On la jurerait habitée par un poème. Il s'en élève une strophe de *Boris Godounov*.

Juste à côté, devinez quoi ? Un McDonald's... La hideur molle, comme les *Montres* de Dali. Un mâchouillis historique. L'allégorie de la Tristesse libérale étouffant la Russie malade... Rien n'est laid comme cette enseigne rouge et jaune, ce M arrondi, ce cul d'obèse élevé aux sandwichs sans goût ni consistance, et abreuvé de Coca-Cola... Je renonce à me mettre en colère : à quoi bon ? Il y aura toujours un plumitif au service d'Oncle Sam, et payé en dollars, pour expliquer que McDo plaît aux enfants, qu'on y mange sainement et que ce commerce favorise le produit national brut.

Nous vengeons la cuisine russe en entrant dans un restaurant populaire. Nous y dégustons un borchtch rustique et savoureux, dont les betteraves, les choux rouges, la viande et la crème aigre ne doivent rien aux antibiotiques, aux hormones ni aux organismes génétiquement modifiés.

Retour au Novotel qui bruisse.

Nous allons partir. Mais où ? A Paris ou au Kamtchatka ?

Nous bouclons nos bagages. Une navette nous mène à l'aéroport, où la douane continue de tout bloquer. A 17 heures, Paris rafle les pronostics.

A 17 h 17, une douanière trapue, frisée et gradée descend un escalier en brandissant un papier : l'autorisation du ministre des Affaires étrangères. Conforme aux instructions d'Eltsine.

Le Kamtchatka l'emporte *in extremis*.

Un gradé s'entête encore et refuse. Il clame (traduction de Boris Chichlo) qu'il ne nous laissera pas passer. Que nous sommes des espions américains venus voler des secrets stratégiques. Il exige de vérifier que chaque objet de notre cargaison correspond à la déclaration que nous avons faite. Cet ultime contrôle prendrait trois jours. Mais l'homme est trahi par ses troupes. Nous sommes vendredi. Il est 18 heures. Les agents de la douane refusent de partir en retard. En Russie comme ailleurs, rien ne résiste au week-end.

Tout se résout en quelques minutes.

Nous récupérons notre colline de matériel, que nous entassons dans deux navettes. Direction : l'aéroport des lignes intérieures, Cheremetievo, Terminal 1. Où on nous accueille au salon des V.I.P., en attendant l'avion de 2 heures pour le Kamtchatka. Ainsi se dénouent les situations les plus entortillées. Ainsi s'écrit la petite Histoire. Par la fantaisie d'une convention sociale et d'une fin de semaine.

Embarquement. Décollage.

L'avion est confortable : le même modèle – un Ilyouchine 86 – que celui qui nous a amenés à Moscou. Le voyage durera, en temps réel, huit heures quarante-cinq. Neuf fuseaux horaires à franchir (onze depuis Paris).

Il était temps d'avancer vers ce rêve, de continuer ce voyage au bout du songe... Par le hublot, je regarde les étoiles. Sous l'appareil, s'étale la Sibérie dévorée par la nuit. Sur aucune autre partie de la planète, on ne peut survoler une telle immensité de continent. La Sibérie... La Terre absolue... J'imagine – déjà derrière nous – la Volga qui se jette dans la mer Caspienne, et la chaîne de l'Oural qui fait frontière entre l'Europe et l'Asie. Je me représente les fleuves qui descendent vers l'océan Glacial. L'Irtych et l'Ob, nés dans l'Altaï. L'Ienisseï et son allié l'Angara, fils du lac Baïkal. La Lena qui draine les montagnes de Bouriatie. Les bouches du fleuve Amour et l'île de Sakhaline, avant la mer d'Okhotsk où soufflent les baleines franches du Pacifique.

En avion, j'aime savoir où je suis. La journée, je m'efforce de repérer les cimes et les vallées, de mettre un nom sur les cours d'eau. La nuit, je lâche la bride à mon imagination. Je retrouve, dans cet exercice de géographie onirique, le plaisir de mes explorations enfantines, lorsque je voyageais sur les cartes de mon dictionnaire ou sur les gravures de mes volumes de Jules Verne.

Nul effort : je suis heureux. Je vais voir là-bas si j'y suis.

6. PETROPAVLOVSK-KAMTCHATSKI

Le Kamtchatka.

« La » Kamtchatka, comme disent les Russes.

Sous l'avion... Enfin !

Nous commençons notre descente vers la capitale : Petropavlovsk-Kamtchatski.

« Pierre-et-Paul-du-Kamtchatka »...

Un ravissement et une inquiétude. Des volcans de tous côtés. On dirait des soldats. J'ai le sentiment de plonger dans la *Titanomachie* d'Hésiode : cette épopée antique transpose l'explosion cataclysmique du volcan de Santorin, dans les Cyclades, qui provoqua la ruine de la civilisation minoenne vers 1500 avant Jésus-Christ. Les Titans, fils de Poséidon, s'y lancèrent à la figure des quartiers de montagnes. J'assiste à ce combat, héros naïf dans une mêlée plus confuse que celle de Waterloo pour Fabrice.

Au sud, le Gorely et le Moutnovski inaugurent une série éruptive que prolonge la chaîne des îles Kouriles, laquelle borne la mer d'Okhotsk à l'est et finit au Japon, devant Hokkaïdo. La voilà, la fameuse « ceinture de Feu » de l'océan Pacifique !

Au nord, je contemple le Joupanovski et deux jumeaux sublimes : l'Avatcha (ou Avatchinski) et le Koriakski, lequel culmine à 3 456 mètres et s'appuie sur le Kozelski. Géométries minérales. Cônes tronqués. Flancs de neige striés de ravines et d'avalanches. Cratères aux bords dentelés, lacérés par les explosions. Des fumerolles se mêlent aux brumes comme des notes de musique à un poème.

Avatcha, Koriakski...

Ces deux perfections de basalte, de ponces et de cendres, encapuchonnées de neige, dominent une immense ciselure de côte envahie par une eau d'un outremer presque violet : la baie d'Avatcha. Une caldeira inondée, longue de 24 kilomètres et large de 20, mais dont l'entrée n'en mesure que 3.

Un idéal de marin.

L'une des rades les plus profondes, les plus sûres, les plus belles de la planète, à l'abri de laquelle fut édifié le havre de Petropavlovsk-Kamtchatski.

Le ciel s'assombrit. Nous sommes partis de Moscou à 2 heures. Compte tenu du trajet et du décalage horaire, il est 19 heures au bout du monde. Nous avons volé à la poursuite de l'aube. A peine l'avons-nous rattrapée, que le soir tombe. Irréalité d'un voyage vers le soleil levant, qui s'achève au soleil qui décline. J'aurai vécu la nuit la plus incertaine et le jour le plus bref de mon existence.

L'avion frôle les volcans. Georges Bosio annonce le pire :

« Les survivants devront dévorer les cadavres de leurs compagnons, comme dans les Andes... »

Je souris. Puis je frissonne. Non de crainte, mais de plaisir. Il me vient à l'esprit l'image des grandes grues du Japon qui survolent ces parages en automne, et vont danser sur les neiges d'Hokkaïdo. Dégingandées et souples. Grotesques comme des masques de nô. Légères comme des haïkus de Buson ou d'Issa.

Atterrissage. Portes ouvertes. L'air frais du Kamtchatka envahit mes poumons : parfum d'océan Pacifique et de bouleaux jaunis. L'aéroport Elizovo de Petropavlovsk-Kamtchatski paraît... rustique. Le fronton du bâtiment principal arbore une étoile rouge oubliée, délavée, d'un rose de fesses d'angelot dans une église... Sur les pistes annexes, les ornières se creusent et les herbes prolifèrent. Des avions à hélices, des carcasses de vieux chasseurs Mig, des moteurs démontés rouillent, devenus perchoirs pour goélands. Plus loin, j'aperçois quelques bombardiers. Le hall d'accueil des passagers est une H.L.M. aux murs dégradés. Le local à bagages est en tôle ondulée. La sortie s'effectue sous un porche majestueux d'au moins 2 mètres de large, lui aussi couvert de tôles.

Dehors, sur la place, une vieille femme en noir vend des légumes aux passants. Sa marchandise se résume à un seau de pommes de terre et une écuelle de cornichons... Je découvre, parmi les herbes des bordures, des plantes dont je connais le genre : une achillée, une silène enflée, des cirses, une armoise, des trèfles. Et des épilobes à feuilles étroites – les « herbes du feu » *(fire weeds)* de l'Amérique du Nord, les lauriers de saint Antoine de mon enfance alpine ; en été, glorieux de leurs plumeaux de fleurs roses ; à présent, nimbés de fruits en longs poils de coton blanc, pareils aux cheveux de la *babouchka*.

Des chiens jaunes vagabondent, lèvent la patte ou se reniflent le derrière. Ces produits de l'évolution canine hors race (en vérité, toutes races confondues) ont un air de chacals. On les voit du Brésil à la Chine et de l'Afrique à l'Océanie. Ils signent, en jappant, la misère du pays qu'ils hantent. Je les aime, ces bâtards aux yeux tristes ! Ils se méfient. Ils craignent les coups des hommes. Y compris, dans certains coins, de finir à la casserole... Mais ils nous restent fidèles. La queue basse, ils trottinent leur destin parallèle au nôtre. Je me range dans leur camp.

Et qui m'attend sur la branche ?

La corneille...

Non pas la mantelée de Moscou, mais sa cousine noire d'Asie : l'espèce à gros bec. Elle m'a identifié, c'est sûr. Elle me regarde du coin de l'œil. Elle arrange les plumes de ses ailes avec son énorme rostre bossu, luisant comme un fragment de houille. Qui l'a avertie de mon arrivée ? Mystère. Chez les oiseaux, les nouvelles vont plus vite que les avions.

La corneille à gros bec... Avec elle comme guide, ou comme égérie, cette mission ne peut plus rater. Je salue en elle un ange gardien, qui n'est pas vêtu de probité candide mais de ténèbres. Mettons que c'est un diable gardien.

Récupération du matériel sous l'œil étonné des employés de l'aéroport. Tout se passe avec le sourire. Nul problème à la douane. Je vois là une preuve supplémentaire du fossé qui se creuse entre Moscou et l'Extrême-Orient russe. Ce qui plaît à l'un déplaît à l'autre, et *vice versa*. Je doute qu'il existe autant de dissensions entre les corneilles mantelées et celles à gros bec.

Nous sommes accueillis par des éclaireurs de l'équipe. Philippe Clermont – long corps, lunettes et cheveux blancs bouclés – organise depuis deux mois la logistique de la mission. C'est un des Français qui connaissent le mieux la contrée. Les autres sont arrivés depuis quinze jours. Damien Chatard – cheveux courts et clairs – est la cheville ouvrière de l'opération. Pierre Lenormand – trapu, tignasse noire et frisée – travaille dans l'édition ; il a animé la collection *Découvertes Gallimard* ; mais ce marin adore partir au bout du monde, où il se change en homme à tout faire – capable de monter une yourte comme de réparer un groupe électrogène.

Je salue Aiwar Bebrich, notre principal pilote d'hélicoptère. Il a déjà participé à plusieurs missions *Okavango* et *Ushuaïa-Nature*. Ce colosse russe aux doigts de fée dirige son engin avec une précision confondante.

Il y a là, aussi, notre correspondante russe pour la science, Galia Namjilova. Un petit bout de femme aux cheveux et au regard noirs, qui parle un français parfait. Elle m'accueille de façon étonnante :

« Ah !... Voilà le fameux Yves Paccalet ! »

J'ouvre des yeux ronds. Hors de ma famille, je ne suis nulle part célèbre. Je me dis que la coutume locale consiste à se moquer des arrivants. Une sorte de bizutage... Puis Galia m'explique qu'en Russie mon nom est plus connu que je n'imagine. Il est associé à celui du commandant Cousteau, sur la couverture des livres que nous avons signés ensemble entre 1975 et 1990, et qui (à l'insu de leurs auteurs et éditeurs !) ont été traduits en russe. Des millions de personnes les ont lus. Dans cette partie du monde, Jacques-Yves Cousteau est aussi fameux qu'en France ou aux Etats-Unis. Galia ajoute (rires !) qu'au temps du socialisme (ô lendemains qui chantent ! ô travailleurs de tous les pays !), les deux programmes de télévision les plus suivis étaient *L'Odyssée sous-marine de l'équipe Cousteau* et... le feuilleton américain *Santa Barbara*... Ainsi va le genre humain. Tels sont les effets des changements du mode de production sur la superstructure idéologique. La Révolution prolétarienne devait façonner l'« homme nouveau », doté d'une idéologie altruiste et généreuse. Elle a créé des amis de Jojo le Mérou, ce qui est louable ; et des adorateurs de la mamelle hollywoodienne.

Deux minibus nous emmènent à l'hôtel. Routes cabossées, sur lesquelles les rares conducteurs foncent sans souci des lignes blanches, des priorités à droite, des feux rouges ou des piétons. Un poste de police invite à la prudence. Il est décoré d'une sculpture réaliste, quoique peu socialiste : un bloc de béton sur lequel on a hissé une voiture accidentée, éclatée, éventrée par le choc, compressée comme un César. Appelons cela de l'« art brut ».

L'hôtel Pierre-et-Paul (au fronton : *Gostintcha Petropavlovsk*) est le meilleur de la ville. Mais le tourisme n'a pas encore révolutionné la contrée. Les chambres sont minuscules et sentent le renfermé, avec des lits à une place et des douches qui fonctionnent quand elles marchent. Les W.C. sont à la russe, c'est-à-dire composés d'une cuvette munie d'une plate-forme préalable sur laquelle atterrit le fruit de la contraction péristaltique ; lequel peut être examiné à loisir par celui qui s'en sépare. Socrate allait répétant : « Connais-toi toi-même ! » Je ne sais pas d'application plus littérale de cette maxime.

Je descends rejoindre l'équipe au bar. La vodka, elle aussi, permet de se mieux connaître ; sinon soi-même, du moins entre voisins. La première gorgée met les larmes aux yeux, la deuxième réchauffe, la troisième délie les langues... Dans le hall, j'avise une petite exposition de tableaux. Mer et montagnes, dans un camaïeu de bleus proche d'Hokusaï. L'une des peintures est superbe. Elle représente la baie d'Avatcha et ses volcans. Je veux l'acheter. Je la prendrai au retour. Après la *Scène d'hiver* brueghelienne de Moscou, je commets l'erreur de croire qu'on repasse quelque part. Non content de couler autour de nous, le fleuve d'Héraclite emporte avec lui le monde.

Je vais me coucher à 22 heures, heure locale. Je me réveille à 3 heures du matin : un effet du décalage, puisqu'à Moscou il est 18 heures, hier au soir. Non seulement cette purée d'espace-temps ne me dérange pas, mais elle me plaît. Puisque je n'ai plus sommeil, je lis. J'ai emporté, j'ignore pourquoi, *Le Meilleur des mondes* d'Aldous Huxley, que je n'ai pas rouvert depuis trente ans.

J'y trouve un passage que j'avais oublié, sur les livres et les fleurs : deux catégories d'objets dont il convient de dégoûter les classes inférieures ; car les livres sont dangereux parce qu'ils font réfléchir, tandis que les fleurs sont pernicieuses parce qu'elles incarnent la beauté gratuite.

Je me rendors en songeant aux iris de Sibérie qui, au printemps, peignent en bleu les montagnes alentour. Je rêve d'un ours bleu comme un iris, qui contemplerait la mer depuis la cime de l'Avatcha.

Le plantigrade me sourit à la façon du chat du Cheshire dans *Alice au Pays des Merveilles*.

7. LE MONUMENT À LA PÉROUSE

Au réveil, il a neigé sur les volcans.

Avatcha, Koriakski : deux seins blancs de la Terre. Impossible de ne pas être fasciné par ces cônes aux pointes immaculées, dont les flancs ravinés se teignent de gris, de rose, d'ocre et de bleu à mesure que l'altitude décroît.

Au Kamtchatka, la géologie est en acte. « Déjà-là », dirait l'existentialiste. Mais Husserl ou Sartre n'avaient pas, au contraire d'Empédocle (qui se suicida en se jetant dans le cratère de l'Etna), la passion des éléments et des feux intérieurs de la planète. Ils mettaient l'homme au centre. Au centre de quoi ? Je me suis toujours demandé comment on pouvait ainsi inverser le réel. Le faire « marcher sur la tête », dirait Marx. Le sujet qui pense résulte d'une longue évolution matérielle. Il est le fruit de millions de hasards. Un épiphénomène.

Tout humanisme est une vantardise. Un trait d'orgueil puéril.

Une maladie infantile de la philosophie.

Devant un volcan, il est possible que je pense, mais tout ce que je sais, c'est que je ne suis rien. Je n'ai pas plus d'importance que la corneille à gros bec, l'armoise au parfum d'absinthe ou ce papillon ocre à vitraux vermillon, peut-être *Vanessa indica*, cousin de la belle-dame, qui palpite son restant d'existence avant les gelées.

Nous allons visiter la ville en minibus.

Petropavlovsk-Kamtchatski a fêté son deux cent cinquantième anniversaire en 1990. Loin d'être une cité nouvelle, elle fut fondée en 1740. Entre 1725 et 1730, le Danois Vitus Bering, au service du tsar Pierre le Grand, avait déjà navigué, sur un bateau construit au Kamtchatka, vers le nord de l'océan Pacifique, jusqu'au détroit qui porte son nom. En 1733, Bering revient dans les parages pour une mission qui durera jusqu'en 1743, et dont il ne verra pas la fin. Il entre dans la baie d'Avatcha, qui fait partie du territoire des Itelmènes. « Jamais de ma vie, s'exclame Swen Vaxel, l'un de ses lieutenants, je n'ai visité havre plus favorable. »

Bering fait bâtir les navires de la mission, le *Petrov (« Pierre »)* et le *Pavlov (« Paul »)*, et élever les premières cabanes en rondins de ce qu'il nomme le « Port des Saints Apôtres Pierre et Paul ». Un autre compagnon, S. Kracheninnikov (dont un volcan local perpétue le patronyme), décrit la bourgade naissante comme « un ensemble de jolies maisons, avec au centre le magnifique bâtiment de l'expédition et une église ». En 1741, Bering meurt du scorbut sur une île de l'archipel du Commandeur, à laquelle on a aussi donné son nom. Kracheninnikov finit d'explorer la péninsule, où les premiers cosaques russes, menés par Vladimir Atlassov, étaient arrivés par la terre à la fin du XVIIe siècle.

La seconde mission de Bering a mobilisé dix mille hommes. Mais, déjà, Petropavlovsk périclite. En avril 1779, juste après la mort de son capitaine à Hawaii, l'expédition de l'Anglais James Cook fait relâche dans la rade avec la *Resolution* et la *Discovery*. La contrée est « barricadée de glaces et couverte de neige ». L'un des naturalistes du bord écrit : « On imagine difficilement tableau plus triste. Sur une langue de terre, nous observâmes des baraques de rondins et des cabanes coniques sur pilotis, mais elles étaient si délabrées et si moches que nous pûmes à peine croire qu'il s'agissait de Petropavlovsk. Nous ne comptâmes pas plus de trente habitations au total. »

L'autre grand explorateur de la contrée reste le comte Jean-François de La Pérouse.

Galia Namjilova tient à nous conduire devant le monument qui commémore « le voyage de votre célèbre compatriote »... Notre minibus brinquebale. Un 4×4 Mercedes flambant neuf surgit d'une cour adjacente et nous fait une queue de poisson en klaxonnant et vrombissant. En Occident, ce véhicule tout-terrain vaut cinquante fois le salaire minimum mensuel. En Russie, combien ? Dans ce pays, tout le monde n'est pas pauvre... Le nanti pétarade, plus ou moins mafieux.

On prétend que le capitalisme se construit ainsi : d'abord le bandit, puis le « parrain », puis l'héritier en costume trois pièces, flanqué de son avocat.

Nous traversons des banlieues dont la lèpre me désole. Les rues sont sales, creusées d'ornières. Les trottoirs sont défoncés, les caniveaux souillés. Les habitations se divisent en deux catégories : ou bien des cabanes en planches et en tôles ; ou bien des barres d'H.L.M. Je scrute ces parallélépipèdes de parpaings et de béton, du gris définitif des existences désespérées. Immeubles mités, fissurés, posés telles des murailles de hasard sur les collines, au-dessus de l'eau bleu-violet de l'une des plus belles baies du monde, qu'ils ne réussissent pas à enlaidir...

Un gosse me dévisage, vêtu d'un tricot troué, d'un short Adidas trop grand pour ses jambes maigres, et de chaussures de tennis à la semelle bâillante. Ce dénuement m'étonne. La propagande communiste avait réussi à me graver dans la cervelle une autre image de l'Union soviétique. Certes, loin du paradis prolétarien ; mais plus aisée que le tiers monde. Or, *c'est* le tiers monde... Le niveau de vie moyen a encore baissé depuis le passage au capitalisme. Les gens sont plus pauvres qu'il y a dix ans. Au Kamtchatka surtout. La base navale de Rybatchi, près de Petropavlovsk-Kamtchatski, avec ses sous-marins nucléaires, ses missiles balistiques et ses services de contre-espionnage, offrait des emplois à des milliers de militaires et paramilitaires. Elle était soviétique, elle est devenue russe. Une partie des marins sont restés, le culte du secret aussi, mais les budgets se sont effondrés.

Le Kamtchatka est abandonné. Trop loin de Moscou. Trop irréel. Presque abstrait... Les habitants sont priés de se débrouiller.

Bien entendu, le Kremlin ne tolérerait aucune sécession : la fierté nationale russe l'en empêche, et la façade Pacifique du pays garde une inestimable valeur stratégique.

Mais la population locale ne compte guère.

Nous roulons vers le centre. Des canalisations de chauffage collectif en ferraille bordent la chaussée et dessinent une sorte d'énorme anaconda urbain. La rouille, la crasse, le manque d'entretien inscrivent, sur la tôle de ces tubes, des figures où l'on croit lire, en caractères cyrilliques, à quel point les utopies sont aimables et leurs effets désastreux.

Nous remontons la rue Lénine. Nous allons saluer le monument à Vitus Bering – deux piliers au sommet desquels perchent les maquettes des bateaux *Pierre* et *Paul*. Nous grimpons vers la batterie Maksoutov, dont les canons défendirent la cité contre une incursion franco-anglaise lors de la guerre de Crimée en 1854, puis contre la flotte nippone pendant la guerre russo-japonaise de 1905. De cette hauteur, le panorama tient du prodige. Le bleu-violet de la baie d'Avatcha scintille dans cent découpures du rivage, que les bouleaux et les conifères teignent d'or et de vert. Les îles ont l'apparence de goélettes ou de bricks à l'ancrage. Trois aiguilles de roche plantées dans la mer – et baptisées les « Trois Frères » – gardent la rade. Les goélands volent alentour, esprits du large.

Ah !... Embarquer avec Bering, Cook ou La Pérouse !

Nous redescendons vers le monument érigé à la gloire de ce dernier. Il s'agit d'une stèle de pierre rose, surmontée d'une ancre et d'une inscription en russe *(« Pamiati Laperusa, 1787 »)*. En bas-relief d'or sur fond rouge, on voit la silhouette du bateau la *Boussole*, à bord duquel (et de l'*Astrolabe*) les marins français entrèrent, le 6 septembre 1787, dans la baie d'Avatcha.

La Pérouse fut accueilli avec solennité par le gouverneur russe de la cité, le lieutenant Kaborov. Il repartit du Kamtchatka en y laissant l'un de ses hommes, Barthélemy de Lesseps, chargé de rapporter en France, par voie de terre, à travers la Sibérie et la Russie d'Europe, les journaux et les documents de l'expédition. L'officier mit un an pour gagner Versailles. Lorsqu'il y parvint, on était sans nouvelles de l'explorateur. Pour La Pérouse, la suite du voyage avait été dramatique : ayant levé l'ancre, l'expédition cingla vers le Japon puis le Pacifique Sud, les Samoa, la Nouvelle-Hollande (l'Australie) et l'archipel des Nouvelles-Hébrides (l'actuel Vanuatu). A Vanikoro, l'*Astrolabe* et la *Boussole* firent naufrage sur un récif. Il fallut attendre 1825 et les recherches de Jules Dumont d'Urville pour connaître ce destin tragique.

J'aime ce siècle – le XVIIIe, le plus grand – dans lequel j'aurais voulu naître. Partir vers l'inconnu avec Bougainville. Herboriser sur les chemins en compagnie de Jean-Jacques. Rire avec Swift et Voltaire. M'amuser avec Diderot, en caressant nos idées – nos « catins »... J'aurais rêvé de naviguer sur le *Pierre* ou le *Paul* de

Bering, la *Resolution* ou la *Discovery* de Cook, la *Boussole* ou l'*Astrolabe* de La Pérouse...

Galia Namjilova se moque de moi quand je le lui dis. Elle me reproche d'être insatiable. N'ai-je pas embarqué « pour de bon » avec Cousteau, « ce capitaine Cook des temps modernes » ? Sur cette *Calypso* où elle aurait adoré cingler vers le bout du monde ?

Je lui réponds que, au bout du monde, nous y sommes.

Elle me parle de Petropavlovsk-Kamtchatski. Elle y est née. Elle y habite. Elle a de l'affection pour cette ville, malgré la pauvreté et la corruption qui la rongent. Durant deux siècles, dit-elle, la cité a vivoté. Lors de la Révolution russe, elle n'abritait encore que 1 500 habitants. L'agglomération grandit à l'époque stalinienne, grâce à la pêche et à l'exploitation des forêts voisines. Le boum date des années 1960. En une décennie (1960-1970), pour cause de guerre froide, et grâce à l'expansion de la base militaire, la population doubla. De 85 000 à 155 000 personnes.

Aujourd'hui, la ville compte plus de 300 000 âmes, sur les 450 000 qu'héberge la péninsule entière. Les deux tiers des humains du Kamtchatka vivent dans la capitale. La région (1 500 kilomètres de long, 640 de largeur maximale) couvre 472 500 kilomètres carrés. En dehors de Petropavlovsk-Kamtchatski, la densité de la population n'est que de 0,3 par kilomètre carré. Comparable à celle des déserts.

Cela laisse de la place aux rennes, aux loups et aux ours.

Nous remontons vers l'hôtel. Le Dr Michel Cadot,

un moment parti acheter je ne sais quoi, nous rejoint tout pâle. Il a été témoin d'un accident de la route. Une voiture roulait à tombeau ouvert (comme d'habitude, ici) et a renversé une femme. Ce qui a le plus choqué Michel, c'est la façon dont les secouristes ont embarqué la blessée dans l'ambulance :

« Un sac de patates... Alors qu'il y avait un fort soupçon de lésion vertébrale ! »

Le toubib a tenté d'intervenir, d'expliquer qu'il fallait immobiliser la victime, lui maintenir la tête, etc. Peine perdue.

« Eh ! conclut Michel Cadot. J'ai ce qu'il faut dans mes bagages pour vos éventuels bobos. Mais, compte tenu des mœurs sanitaires locales et de l'état de l'hôpital, tâchez de ne pas avoir besoin d'une grosse intervention ! »

Georges Bosio ricane comme la corneille à gros bec. Quant à moi, j'ai confiance : La Pérouse est avec nous.

8. LE RIVAGE DES VACHES DE MER

Vent du pôle.

Je frissonne. Je suis au Kamtchatka.

La corneille à gros bec me le confirme en riant. Elle est volontiers moqueuse. Je constitue une proie facile pour l'ironie des oiseaux.

Nous allons à l'héliport.

La péninsule du Kamtchatka est grande comme les quatre cinquièmes de la France, mais n'a qu'une seule route. Cette chaussée mal goudronnée, ravinée, souvent défoncée, unit par l'intérieur des terres Petropavlovsk-Kamtchatski, d'une part, à un petit havre de la côte occidentale, sur la mer d'Okhotsk : Oktyabrski, 3 000 habitants ; et, d'autre part, en suivant la vallée du fleuve Kamtchatka, à un port de la côte orientale : Oust Kamtchatsk, 11 000 habitants. S'ajoutent à ce réseau quelques pistes forestières praticables en jeep ou en 4×4. Mais pas en hiver (trop de neige ou de glace), ni au printemps (excès de boue), ni chaque fois qu'un gros orage, un glissement de terrain ou la fureur d'un volcan se chargent de reformater le paysage.

Qui veut voyager dans ce bout du monde avance à pied, à cheval ou en traîneau, comme les premiers colons russes. Ou en hélicoptère, comme le permet notre siècle hâtif et bruyant.

Va pour l'hélicoptère.

Damien Chatard m'avait prévenu : je me suis muni d'une boîte de ces bouchons d'oreilles en cire et en coton, destinés à combattre le tintamarre, et que les insomniaques connaissent sous le nom de « boules Quiès ». Je n'imagine pas, en introduisant dans mes conduits auditifs deux sphérules de ce demi-silence ouaté, à quel point ces accessoires me deviendront familiers.

Nous avons chargé nos bagages et notre colline de matériel. Avec des caisses de vivres et des bidons de carburant. Les pales des hélicoptères tournent. La production de T.F. 1 a loué deux de ces engins. Celui que pilote Aiwar Bebrich, dans lequel je grimpe avec Nicolas Hulot et trois compagnons ; et un second, où s'installe le reste du groupe.

Il s'agit de gros appareils russes (rachetés par une société belge et devenus fort rentables sur les chantiers de grands travaux du monde entier), peints en jaune et décorés de lignes et de lettres bleues. Du type « Mi 8 ». Rustiques et d'une impressionnante puissance, mais assoiffés de carburant.

Autorisation de vol. Portes closes. Les turbines mugissent, les rotors s'emballent, l'engin exécute le petit balancement, le pas de danse qui prouve qu'il n'a plus les roues au sol. Ascension rapide au-dessus de la ville et de la mer. Sous nos yeux, se déploie le prodige de la baie d'Avatcha. Des bateaux de guerre à l'ancre (ne me demandez pas de quelle sorte : je n'y connais rien, je n'ai été marin que sur la *Calypso* et quelques voiliers ; ce sont peut-être des croiseurs) rappellent le rôle militaire de la base de Rybatchi, qu'on aperçoit là-bas et qu'il est interdit de survoler. Je me demande s'il s'y trouve des sous-marins nucléaires, et dans quel état. La négligence soviétique aurait abandonné maints déchets radioactifs au fond de la mer ou dans la taïga...

Très vite, cet aspect alarmant du réel se dissipe dans la splendeur sauvage.

Nos hélicoptères filent de conserve vers le nord, en suivant la ligne de côte. Je passe d'un hublot à l'autre, comme le gamin curieux que je n'ai jamais cessé d'être.

Du côté oriental, l'infini gris-bleu du Pacifique. L'océan bat ou lèche le rivage en y étalant de longues paraboles d'écume blanche qui ressemblent (de chacun selon ses fantasmes à chacun ses poèmes) à des débordements de lait sur un mamelon généreux ou aux giclées de semence d'un démiurge créateur. Je scrute le large. J'essaie d'y repérer le souffle d'une baleine. Cachalot, rorqual bleu, rorqual commun, rorqual boréal, petit rorqual ou baleine franche noire du Pacifique ; peut-être l'une de ces baleines grises qui, faisant mine de se tromper, ne redescendent plus vers la Californie, mais repeuplent l'ouest du Pacifique et vont s'étreindre en mer d'Okhotsk... Je me crève les yeux. J'ai plusieurs fois l'impression qu'« elle souffle » – là-bas, là-bas, sous les nuages, les merveilleux nuages de Baudelaire.

J'évoque, avec Nicolas Hulot, le destin de cette partie du Pacifique Nord. Après que Vitus Bering et les siens l'eurent explorée, en 1725-1730 puis en 1733-1743, elle fut sillonnée par les baleiniers. Outre les cétacés, ces parages hébergeaient un mammifère marin majeur, le colosse des siréniens, le cousin superlatif des lamantins et des dugongs. Une « vache de mer », comme on disait, que la science baptisa « rhytine de Steller ». « Rhytine », c'est-à-dire en forme de rhyton – de vase grec (on aurait pu évoquer un tonneau !). « De Steller », parce que le naturaliste de l'expédition se nommait Wilhelm Steller. Cet Allemand recensa et classa bien d'autres espèces, comme l'aigle pêcheur de Sibérie, dit « de Steller » ; et l'otarie, ou lion de mer – « de Steller », bien sûr.

La rhytine – la géante des sirènes – fut décrite en 1742. Elle hantait les baies peu profondes, où elle plongeait pour brouter les zostères et d'autres herbes marines. Elle mesurait 8 mètres de longueur et pesait 10 tonnes – d'os, de muscles, de viscères et de lard. D'huile. Que recherchaient les baleiniers... Elle était lente, pacifique, bonasse, facile à « piquer » : les harponneurs ne firent aucun quartier. En 1768, à peine un quart de siècle après sa découverte, l'animal était anéanti. Rayé de la liste des vivants. Condamné à ne plus exister que sous forme de croquis de naturalistes et de squelettes dans des musées...

« Bien forcé, dit Nicolas Hulot, de constater que

l'homme possède une capacité de nuire au moins égale à sa capacité d'être bon...

— Bonté-méchanceté, progrès-destruction : telle la langue d'Esope, l'*Homo sapiens* porte en lui le meilleur et le pire.

— Mais quand notre espèce décide d'être néfaste, ça va vite, reprend Nicolas... Dans l'autre sens, nous sommes moins efficaces ! »

Difficile d'échanger des propos cohérents dans le hurlement d'un hélicoptère, avec des boules Quiès ! Nous cessons de nous brailler dans les oreilles, du reste conscients de la pauvreté philosophique de notre dialogue face au spectacle du Kamtchatka.

Le rivage change sans cesse, tantôt composé de hautes falaises de lave noire, avec des rougeoiements et des orgues de basalte ; tantôt de plages lumineuses comme de l'ivoire ; tantôt de « limans », ces vastes lagunes séparées de la mer par un cordon de sable, dans lesquelles les fleuves sibériens se jettent et paressent avant de se fondre à la masse océane.

Je lève le regard du côté de la terre. Les vallées successives, au fond desquelles les rivières cascadent ou serpentent, sont envahies par une taïga de saules, de bouleaux et de mélèzes qui jaunissent, d'épinettes de Sibérie et de pins nains qui tiennent la partie vert sombre. De vastes plateaux prolongent le système, tantôt crêpelés de forêts, tantôt envahis par une toundra de buissons rouge et or.

Au fond, la ligne sinueuse des volcans poudrés de neige se rattache aux nuages. Mon rêve m'emporte au-delà, jusqu'à la mer d'Okhotsk, jusqu'aux monts

Sikhoté-Aline où marche l'arrière-petit-fils de Dersou Ouzala, dont les paupières bridées se lèvent et révèlent les yeux jaune-vert du tigre...

Un cratère fume. Son voisin ressemble à un ours assis sur son derrière.

D'autres falaises. D'autres promontoires battus par l'océan. D'autres plages de sable noir ou blanc. D'autres limans. D'autres rivières tumultueuses qui s'alanguissent en méandres dans la plaine. Des vallées grenat, rouge et jaune. Encore une assemblée de cônes volcaniques, dont l'un est en éruption. Des îles où, je le sais, s'ébattent le lion de mer de Steller et l'otarie à fourrure de Pribilof – dite « callorhine ». Le morse aux dents en pioche. Le phoque des ports du Pacifique, le phoque annelé et son cousin rubané et celui barbu. Avec d'incroyables volées d'oiseaux de mer : l'aigle de Steller et toutes sortes de canards et de limicoles – pluviers, gravelots, vanneaux, barges, bécasseaux et courlis ; le pétrel-fulmar et le pétrel cul-blanc ; le cormoran à face rouge et le pélagique ; des phalaropes et des labbes ; le goéland argenté et celui du Kamtchatka ; le bourgmestre et celui de Bering ; la sterne arctique et celle des Aléoutiennes ; le guillemot de Brünnich et celui du Pacifique ; le macareux cornu et son cousin huppé...

Nous avons quitté Petropavlovsk-Kamtchatski depuis plus d'une heure. Philippe Clermont me tape sur l'épaule et me hurle, pour dominer le tintamarre des rotors et la barrière des boules Quiès :

« Là-dessous, l'embouchure de la rivière... Là-haut, le volcan Kronotski... Le camp se trouve en haut des cascades, sur un plateau, au bord du lac. »

J'espérais contempler, un jour, la perfection d'un paysage. Celui qui s'offre à mes yeux n'a pas de défaut. Il est l'harmonie même... L'océan Pacifique baise la plage, en arrière de laquelle la rivière Kronotski s'étale, méandre et se divise en bras. La forêt d'or, de vermillon et d'émeraude donne sur une étendue de buissons rouges et jaunes, qui grimpe à l'assaut du cône. La neige du sommet épouse la blancheur du nuage. Ce volcan ressemble à un rêve.

L'hélicoptère remonte le cours d'eau en suivant les remous vert et blanc. Il saute des cascades et franchit de profonds bassins turquoise. J'entends des exclamations dans la carlingue : « Un ours ! Là !... » Je regarde par le hublot. Une forme brune, effrayée par les moteurs, disparaît dans un bosquet.

L'appareil débouche sur un plateau où ondule une steppe de hautes herbes et de roseaux. On dirait des blés verts rehaussés de grenat, d'or et de cuivre. Le lac clapote, immense, bleu foncé, borné vers le nord par des cimes de neige.

Des cabanes de rondins et des tentes composent le camp où nous allons vivre près d'un mois.

Notre hélicoptère se pose. Suivi par l'autre appareil. Portes ouvertes. Et qui est là, sur un buisson, pour saluer les arrivants ?

La corneille à gros bec, bien sûr.

9. LE CAMP KRONOTSKI

Le volcan Kronotski : *Kronotskaïa Sopka.*

Le lac Kronotski : *Kronotskoïe Ozero.*

La rivière, le camp Kronotski. Alentour, la réserve naturelle à laquelle on a donné ce nom...

Nous descendons de l'hélicoptère tête baissée, pour éviter d'être décapités. (Simple réflexe : vu la taille de l'appareil, les pales tournent à un mètre au-dessus de nos crânes. Je me rappelle un directeur d'école qui ployait le cou chaque fois que, *à l'intérieur* de sa voiture, il passait sous le filet de volley-ball de la cour. Les ricaneurs ricanaient.)

Je marche dans les hautes herbes et les roseaux, jusqu'au bord du lac. Des goélands argentés et leurs cousins du Kamtchatka – dos gris sombre et pattes couleur chair – tournent dans le vent. Rive de galets et de rocs grenat, mince plage de sable rose.

L'eau est bleu foncé, froide, tonique, profonde. Vivante !... Je m'accroupis. Je m'asperge le visage.

Mettons que c'est un baptême, au nom de la Mère (la Terre), du Père (le Feu), de la Fille (l'Eau) et du Fils (l'Air). Je viens de fonder une religion nouvelle, tirée à la fois du dogme chrétien et de la théorie des quatre éléments d'Empédocle.

J'adorerai dorénavant la Sainte Quartité. Je n'aurai pas fait le voyage pour rien.

Au nord, les volcans de neige qui bornent l'horizon appartiennent au groupe du Kizimène et annoncent les sommets les plus élevés de la péninsule : le Tolbatchik, le Bezimiannyi, le Klioutchevskoï. Ce dernier égale en altitude le mont Blanc.

A l'ouest et au sud-ouest, le lac bleu cobalt inclut des îles hérissées d'arbres et s'achève par une pente teintée de cuivre, que surmontent des étages de plateaux et de talus ocre et roux, jusqu'aux ravins, aux falaises, aux chaos des sommets déchiquetés par la fureur des éruptions.

A l'est, le spectacle tient du prodige.

Je contemple un autre Fuji Yama.

Le volcan Kronotski. 3 528 mètres d'altitude... Un modèle de cône à peine tronqué. Des flancs en impeccables hyperboles, dont on pourrait calculer la formule mathématique... Les parois se creusent de profondes ravines. Un glacier occupe la cime, avec un rebord méridional asymétrique, en surplomb.

« Kronotski »...

Dans ce nom, je décrypte celui de Kronos, le dieu du Temps de la mythologie grecque. Je sais qu'il s'agit d'une parenté fantaisiste, mais il ne me déplaît pas que le fils d'Ouranos et de Gê (le Ciel et la Terre) inspire cette montagne.

Au-delà des roseaux et des herbes qui ondulent, une trouée dans les bouleaux et les pins compose une allée naturelle qui monte à l'assaut de l'édifice. Les airelles aux feuilles jaunes, les camarines encore vertes et les busseroles écarlates teignent de gloire ce passage, ce tapis qui mène à la neige, cette échelle de Jacob qui escalade le ciel et que l'esprit gravit avec extase. Les arbres couvrent le tiers inférieur du volcan. Puis la taïga fait place à une toundra rouge et or qui se fond dans le minéral brun, gris et noir, jusqu'aux glaciers. Au toit du temple.

Le soleil allume des mauves et des pourpres dans un nuage collé au sommet. Hokusaï en personne a peint cette cime. Je contemple une des *Cent vingt vues du mont Fuji*. Disons : la cent vingt et unième... L'artiste n'est pas loin : caché au creux du cratère ; les yeux plissés, la barbe hirsute, une ironie au coin de la bouche. Il vacille en travaillant. Il a bu. Il abuse du saké dans sa vie éternelle. Ne le dites pas aux censeurs.

Je me demande si, durant mes voyages, j'ai déjà observé semblable perfection. Nulle mièvrerie dans ce paysage. Au contraire : une énergie accordée à la grandeur de l'Asie. Tout conforte l'idée que ce volcan est né d'un sortilège de la Terre ; c'est-à-dire d'un souhait de Kronos – ou d'un délire de chamane – mis en image par Hokusaï.

Le camp Kronotski est proche de l'émissaire du lac, c'est-à-dire de l'origine de la rivière Kronotski, qui acquiert, en s'extrayant de la masse liquide bleu-noir, une teinte d'émeraude et de jade.

Nous nous dirigeons vers les cabanes et les tentes, à environ 200 mètres de l'aire des hélicoptères. Je regarde mes compagnons : ils sont béats. Chacun se délecte en silence. Tel est l'effet du beau sur l'âme humaine. Les catégories esthétiques sont innées et universelles : Emmanuel Kant avait raison.

« J'ai la nausée, les fesses en compote et je n'entends plus rien, grommelle Georges Bosio. Ce voyage en hélicoptère m'a rendu sourd. »

Mais ce fieffé râleur est d'abord un vrai photographe. Il tire le portrait du volcan Kronotski. Qui ne désirerait fixer l'image de cet or lavé de vert au flanc du cône ? On jurerait la couleur que Paul Gauguin déposa sur le corps supplicié de son *Christ jaune*. Ou que Marcel Proust crut voir sur le « petit pan de mur » de Delft, peint par Vermeer.

Le sentier sinue entre les hautes herbes et les pins nains, jusqu'à la première cabane du camp. Laquelle précède une dizaine de tentes de couchage, une tente collective, une deuxième isba de planches et une troisième bicoque non loin du lac – avant quelques huttes en ruines.

Nous sommes accueillis par les Russes sur le seuil de la deuxième maison de bois, qui sert d'entrepôt, de cuisine et de réfectoire. Vodka de bienvenue. Je salue le cuistot, trois employés de la réserve, le directeur armé d'un fusil, un naturaliste en habit vert et une jeune femme aux yeux bleus.

Poignées de main. Barrière de la langue. Le cuistot

et les hommes de la réserve semblent contents de nous voir. Ils sont fiers de la splendeur de leur contrée. Ils l'aiment et veulent la protéger. Or, il n'y a pas d'argent en Russie ; au Kamtchatka, encore moins. Et rien n'est difficile comme de préserver la nature quand on est pauvre. La peur du lendemain provoque des désastres. Comment reprocher à celui qui n'a pas de pétrole de couper la forêt pour faire du feu, ou à celui qui a faim de tuer des animaux pour nourrir ses enfants ? On en est là, par ici, comme en maintes contrées d'Afrique, d'Asie et d'Amérique latine. L'argent qu'apporte la production de T.F. 1 constitue une aubaine.

Le directeur se nomme Sacha Massalov. Il parle peu, sous sa moustache noire. Il examine la situation à travers d'épaisses lunettes de myope. Il s'occupe des ours. Il tient toujours à portée de main le fusil à un coup qu'il a (seul) le droit de brandir dans la réserve, afin de protéger les visiteurs de la folie éventuelle d'un plantigrade.

Le naturaliste s'appelle Evgueni Lobkov. Il est habillé d'une chemise à carreaux, d'un pantalon et d'une veste de rude tissu vert (style chasseur ou militaire), avec des bottes aux pieds. Je le verrai dans ce costume durant la majeure partie du séjour. Il parle un anglais aussi médiocre que le mien, grâce à quoi nous communiquons à merveille. Il connaît les espèces locales et il est spécialiste (Galia Namjilova précise : le meilleur au monde) de l'aigle de Steller – l'aigle pêcheur (ou pygargue) de Sibérie. Il me parle de ce rapace, le cousin de l'aigle pêcheur d'Amérique (l'aigle à tête blanche, l'emblème des Etats-Unis)... Il me montre un point au-dessus du lac, et me glisse avec un sourire : *« Look, here !... A Steller's eagle ! A juvenile... »* Le jeune aigle de Steller – presque de taille adulte, mais le plumage sombre et la queue marron au lieu d'être immaculée – vole vers nous, hoche la tête et file vers la mer. Le naturaliste rayonne.

La jeune femme que je salue ensuite se cachait avec modestie derrière tout le monde. Elle est blonde, fine, l'œil bleu comme un ciel de Sibérie en été. La parole et le geste précis. Elle se nomme Natalia (Nathalie) Galoub. Elle aide à la cuisine. Elle me dit bonjour en français et continue dans cette langue, qu'elle parle assez bien. Comme Galia, elle a lu en russe certains de mes livres « Cousteau ». Je suis surpris par le savoir que je soupçonne chez cette simple serveuse. Mystère... Nathalie s'incline avec grâce et s'esquive.

Une main me tape dans le dos :

« Salut, Yves ! »

C'est Gil Kébaïli, le réalisateur.

Grand, brun, large sourire... C'est lui qui a voulu que je vienne, dans cette pointe de l'Asie, raconter devant les caméras l'histoire de la vie. Gil est né dans la cité normande de Vernon, près de Giverny, où j'ai vécu et où il habite à nouveau. Il est au Kamtchatka depuis une semaine. Il revient d'un tournage avec le cadreur Christophe Kenck et le preneur de son Yannick Fleuriault. Tous trois ont passé la journée dans la forêt avec un singulier personnage : Vitali Nikolaenko. Cet ermite voue son existence aux ours, qu'il connaît mieux que quiconque. Pour suivre et étudier ces animaux dans la réserve Kronotski, il a construit huit cabanes, où il habite tour à tour. Grâce à lui, Gil et ses hommes ont vu des plantigrades de près. Ils ont filmé une mère et deux petits, occupés à pêcher le saumon dans une rivière.

Christophe Kenck incarne un jeune baroudeur trapu et costaud. Il ressemble à l'acteur américain Bruce Willis ; sans surprise, il récoltera le surnom de « Bruce ».

Yannick Fleuriault est plus mûr. Posé. Passionné mais discret, comme tous ceux de sa profession, qui se coulent hors champ, quoique au milieu de la scène, la perche à la main, et semblent n'être plus que le bras intelligent de leur Nagra.

On attribue les couchages. Chacun prend possession de son bout de territoire. Les tentes himalayennes, en dômes surbaissés de plastique gris, sont d'excellente qualité : ce ne sera pas du luxe quand le vent soufflera du pôle. (Il est fait pour ça. C'est sa nature, comme c'est celle du scorpion de piquer.) Gil Kébaïli a droit à une tente un peu plus grande : une iourte rouge sombre.

Nicolas Hulot et moi-même sommes traités en princes. Nous logerons dans une cabane – la plus proche de l'aire d'hélicoptères. Une isba, une vraie maison de bois, autrement confortable et chaude que les tentes, fussent-elles himalayennes ou mongoles. Nicolas bénéficie de ce privilège en tant que chef de mission et figure télévisuelle ; je le récolte au titre d'invité scientifique et, accessoirement, de « vieux ».

Le « Vieux »...

Je me rends vite compte que les membres de l'équipe me désignent ainsi.

Gentiment. Mais ça fait quelque chose.

Il n'est pas contestable (l'avais-je remarqué ?) que j'ai cinquante-trois ans. Le crâne dégarni, la barbe de plus en plus blanche. Mais c'est une épreuve d'en convenir. J'avais, jusque-là, toujours incarné le plus jeune : à savoir lire, à entrer au collège, à réussir au concours de l'Ecole normale, à devenir directeur littéraire. Et ainsi de suite.

Me voici le « vieux ». D'un coup.

Sans le moindre soutien psychologique.

Je tâte ce nouvel état du bout du doigt, comme une eau dans laquelle on hésite à plonger. Je me lâche. Je saute.

Elle n'est pas si mauvaise !

10. MA CABANE AU KAMTCHATKA

Le soir descend sur le Kamtchatka.

Parfum de bouleau, soupçon de bonheur.

Le volcan Kronotski n'est pas en éruption, mais on dirait qu'il brûle. Le soleil couchant allume des feux sur ses pentes. Une lave de lumière orange coule vers la taïga incendiée de couleurs d'automne. L'aigle de Steller tourne encore.

Je contemple la montagne et l'eau. Je suis au bout du monde et je suis bien. Un sentiment de paix gagne mon être, proche de celui que Jean-Jacques Rousseau éprouvait à l'île Saint-Pierre, au milieu du lac de Bienne. Je me remémore ce passage des *Rêveries du promeneur solitaire* – l'un des plus beaux textes français – : « Quand le soir approchait, je descendais des cimes de l'île et j'allais volontiers m'asseoir au bord du lac sur la grève, dans quelque asile caché ; là, le bruit des vagues et l'agitation de l'eau fixant mes sens et chassant de mon âme toute autre agitation, la plongeaient dans une rêverie délicieuse où la nuit me surprenait souvent sans que je m'en fusse aperçu. Le flux et le reflux de cette eau, son bruit continu mais renflé par intervalles, frappant sans relâche mon oreille et mes yeux, suppléaient aux mouvements internes que la rêverie éteignait en moi et suffisaient pour me faire sentir avec plaisir mon existence sans prendre la peine de penser. »

Sans prendre la peine de penser...

Rêverie sensuelle. Bonheur de l'impression. De la sensation pure... Ne pas tenter d'énoncer des idées. Oublier la confusion des symboles et les pièges de l'abstraction.

Jouir de l'instant, du vent, de l'eau qui goutte, de l'arbre qui frémit, de la texture du rocher, de la clarté du crépuscule. Se laisser caresser, saisir, envelopper, emporter par un tourbillon de grâce. Ne pas censurer sa nature animale. Profiter de ce que l'on est un corps et se fondre dans le poème.

J'entre dans la cabane. Ces isbas ne sont pas des palais : tout y est simple et exigu. Mais les planches protègent du froid, dans une odeur de résine diluée par le temps. La porte ouvre sur un sas transformé en atelier, où l'équipe abrite le matériel de tournage : caméras, moniteurs, objectifs, batteries, cassettes, magnétophones, etc. (« A peine ici, déjà le foutoir ! désapprouve l'un. — Pas de panique ! répond l'autre, la situation est sous contrôle. Je n'ai perdu que deux sacs ! »)

Une valise de téléphone par satellite permet de parler au reste du monde. Ce genre d'appareil est à l'image de l'humanité : la meilleure et la pire des choses. Rien n'est agréable comme d'entendre les siens à 12 000 kilomètres aussi bien que du bureau. Mais désolante est l'idée selon laquelle « ailleurs » n'existe plus, pas même sur la Lune ou la planète Mars.

Passé l'atelier, un couloir donne, à gauche, sur un sauna russe flanqué d'une réserve de bûches ; à droite, sur un séjour meublé d'une table, d'une chaise et d'un fourneau. Suivent deux chambres, l'une pour Nicolas Hulot, l'autre pour moi. Nicolas proclame que nous avons signé un P.A.C.S. Dans la minute suivante, nous décidons de faire du feu.

Privilège d'avoir chaud... Les locataires des tentes n'ont pas ce luxe. Je surprendrai plus d'une fois, dans leurs yeux, cette lueur d'envie qui annonce les crimes sordides. On a raison de souligner que l'homme fut une espèce tropicale et le demeure, même à proximité du pôle. Notre peau est conçue pour des températures de 25 à 30 °C. Elle les avait en Afrique, quand elle couvrait nos ancêtres australopithèques, voici trois millions d'années. Nous les lui offrons sous toutes les latitudes, y compris les plus froides, grâce à des artifices : vêtements, sacs de couchage, édredons, cheminées, poêles, radiateurs de chauffage central...

L'allumette a craqué sur le papier, les bûches ont pris, les rondins flambent, le feu danse. Un sourire nous vient. Comme à l'âge des cavernes, *Homo sapiens* se frotte les mains devant le foyer pour activer la circulation du sang. Ce mouvement s'est perpétué dans le langage gestuel de notre espèce : il signifie la satisfaction.

Le dîner est une fête. Nous nous rassemblons sous

la grande tente aménagée en réfectoire, mais nous y avons froid. Nous fuyons vers l'isba où est la cuisine. Près de la cambuse, il y a une salle à manger avec un poêle ronflant où les Russes ont leurs habitudes. Adopté ! Nous nous serrons. Nous sommes juste assez proches pour – résume quelqu'un – « dire des conneries ». Le fait est que nous en proférons. (Raconter des bêtises est le propre de l'homme et la meilleure façon de créer du lien social. Aussi longtemps qu'ils échangent des idioties, les individus et les peuples évitent de se battre.) Le mobilier est bancal, la table en L, en deux morceaux et sur deux niveaux, les sièges rugueux, dépareillés, parfois piégés par un clou qui dépasse. Mais il n'y a pas plus convivial.

Nous buvons l'eau du lac. Une pompe et un tuyau l'amènent dans un évier. Elle est si pure, si fraîche, si cristalline que cela semble un miracle. Je lui trouve un arrière-goût de basalte et d'Orient. (O ! Saint Vert, patron des écologistes, si tu existes, dis-moi : de combien de lacs de la Terre peut-on encore lamper sans danger la substance ? Avant l'arrivée des Blancs, les Indiens d'Amérique se désaltéraient dans les Grands Lacs : désormais, c'est une soupe aux pesticides et aux métaux lourds. Le Baïkal reste potable : pour combien de temps ?)

Quelques-uns, parmi nous, préfèrent la bière. Les Russes ne méprisent pas la vodka. N'est-ce pas là une eau limpide, un peu plus forte que l'autre et presque aussi enivrante ?

Nous faisons connaissance avec l'animal qui devient la base de notre régime alimentaire.

Le saumon.

Le saumon sauvage du Kamtchatka, qui remonte les cours d'eau par millions en automne, et que le cuistot et ses amis attrapent sans effort dans le lit inférieur de la rivière Kronotski.

Le saumon sous deux formes.

D'un côté, la chair... Les filets délicats, parfumés, partagés par la grosse arête dorsale, marbrés de rose et d'ivoire, imprégnés, révélés, exaltés par ce que l'océan Pacifique offre de meilleur.

De l'autre, les œufs – le don des femelles... On dirait des groseilles, dont ils ont la taille et la couleur rouge, illuminée de l'intérieur par des moirures roses. Les Russes les apprêtent simplement : nature, avec un peu de sel et de poivre. La peau craque sous la dent, la substance vitelline gicle sur la langue, on ferme les yeux de plaisir. J'implore l'indulgence des végétariens pour ce péché. Et je l'avoue : durant cette mission, nous consommerons du caviar de saumon à tous les repas. A volonté ! A la louche ! Rentré en France, je calculerai le prix de ce délice au tarif des épiceries de luxe. J'aurai le sentiment d'avoir été riche au moins une fois dans ma vie.

Les Russes d'Extrême-Orient sont pauvres, mais en automne, quand migrent les saumons, ils s'offrent un plat de la *jet-set*. Il subsiste peu d'endroits de la planète où notre espèce exploite la nature sans la ruiner. Le Kamtchatka est quasi vide d'habitants : il y reste du saumon sauvage pour tous. Impossible de proposer à 6 milliards de terriens ce régime délectable et diététique (protéines, acides gras polyinsaturés, vitamines...). Au siècle prochain, l'humanité ne mangera du poisson que si nous l'élevons, comme le bœuf et le mouton. Les gourmets ennemis de l'aquaculture seraient logiques de bannir aussi le filet de charolais et le gigot d'agneau, qui ne vaudront jamais la chair sauvage de l'aurochs et du mouflon !

J'ingurgite mon caviar vermeil en tartines où je mets plus d'œufs que de pain. Je le déguste à la cuillère, à pleine bouche, à plein nez ! J'assume ma gourmandise et ma courte honte. Autour de la table, chacun se goberge avec le même enthousiasme. Puis Nathalie Galoub nous passe des assiettes... de tranches de saumon et de pommes de terre, avec du chou, des betteraves rouges et des cornichons à la russe. Le cuistot se débrouille. Rien de plus décisif pour le moral des troupes : je l'avais observé sur la *Calypso*.

Lorsque nous quittons le réfectoire, la nuit est noire. Le ciel offre plus d'étoiles que je n'en ai jamais vu. J'essaie de repérer la Polaire, Véga, Castor et Pollux, Capella du Cocher, Andromède... La Grande Ourse et la Petite Ourse sont en gloire : normal, au pays des plantigrades.

Chacun vaque à ses occupations postprandiales et préléthargiques. Rote au vent de Sibérie. Se lave les dents. Vide sa vessie dans un buisson... Lorsque Pierre Lenormand arrête le moteur du générateur électrique, la nuit devient enchantée. Le lac clapote. Des phosphorescences montent vers sa surface comme des étoiles à venir. Là-haut, les constellations découpent la silhouette colossale du mont Kronotski. Les arbres bruissent. La chouette de l'Oural ulule.

Les torches électriques s'agitent un moment dans l'enceinte du camp et sous les tentes. Des murmures fusent :

« Bonne nuit, les gars !

— Fait pas chaud !

— Taisez-vous : les ours vous entendent ! »

Je rentre dans mon palais de bois. Le poêle rougit encore. Je m'enfonce dans mon duvet.

Je n'ai pas sommeil.

J'imagine où je suis. Je me représente le globe, le nord de l'océan Pacifique, le Japon, l'Alaska, le Kamtchatka et, à mi-hauteur de cette péninsule, la pointe et la réserve Kronotski. Je me figure dans ce lieu perdu de la planète, heureux de n'être qu'un assemblage de milliards de cellules et de trillions d'atomes.

Comme l'ours et le bouleau. Avec, pour unique originalité, un petit surcroît de cervelle où ranger des poèmes.

11. EN KAYAK SUR LE LAC

Lueur du matin.

J'ouvre les yeux, j'entends crier : « Un ours ! »

Je saute dans mon pantalon, je sors en courant... Un rire, suivi de l'exclamation : « Saumon de septembre, poisson d'avril ! » Il s'agit d'une de ces « conneries » qu'on pratique en société, dans les missions au bout du monde. J'aurai ma revanche.

Damien Chatard et Pierre Lenormand sont au boulot. Ils montent le kayak en trois morceaux qui nous a valu quelques problèmes (entre autres) à la douane de Moscou. Georges Bosio grommelle qu'il n'a pas dormi à cause du froid et d'un caillou pointu qui lui labourait le dos. En outre, sa pneumonie mortelle continue de s'aggraver.

Le soleil joue à cache-cache avec le mont Kronotski. Il pointe à droite du cratère, envoie un pinceau de rayons sur les crêtes, puis – d'un coup – submerge le lac et la forêt sous un déluge de photons orange, jaune, rouge, vert, bleu... Je doute de mes rétines. Difficile de comprendre comment le peintre de la planète réussit à mêler tant de nuances, même avec l'aide d'un syndicat de coloristes où figurent Brueghel, Chardin et Gauguin.

Toilette à l'eau froide : tonique débarbouillage ! Petit déjeuner : café soluble (ici, on apprécie !), caviar de saumon (bien sûr !) et tartines de miel du Kamtchatka (fleurs d'iris et pollen de bouleau, avec une texture un peu râpeuse de basalte). On pourrait se plaindre, mais de mauvaise foi... Par la magie du saumon et du miel, on commence de se changer en ours. La corneille à gros bec hoche la tête et exige un quignon. Je le lui lance. Elle va le becqueter sur le toit de la cabane. Je soigne mes relations avec cet important personnage.

Réunion de travail sous la tente collective. Au programme du jour : l'exploration d'une partie du lac Kronotski en kayak. Nous tâcherons d'aller jusqu'à une île rocheuse hérissée de bouleaux et de mélèzes, qui semble un paradis. Il ne faut jamais rechigner à ramer vers le rivage du bonheur. Les goélands du Kamtchatka et leurs cousins argentés se sont donné le mot. Ils volent autour du camp. Ils ont compris qu'une équipe de tournage génère des sous-produits comestibles, aussi nutritifs que le poisson, mais plus faciles à attraper.

En attendant que tout soit prêt (les caméras sont longues à chauffer), je marche au bord de l'eau en compagnie d'Odile Darmostoupe. Elle partira demain vers le nord de la péninsule – au pays des Koriaks – avec Alain Tixier, Boris Chichlo et Thierry Naud. Nous avançons d'une anse à l'autre, de cailloux grenat en plages de sable rose. Nous nous faufilons entre les roseaux et les saules. Nous discutons de la pureté de cette eau, de la taïga qui la cerne, des ours et des volcans. En tant que mâle humain à dominante hétérosexuelle, j'ai beau dire, beau faire : je suis troublé par cette balade matinale avec une femme à laquelle, de temps à autre, je donne la main sous le prétexte cousu de fil blanc de l'aider à franchir un rocher. Odile sourit. Elle me dévisage de ses yeux bleus emplis d'ironie, et qui ont la profondeur de ce mystère féminin où Baudelaire désirait se noyer. Elle me trouble. J'aime la force paisible avec laquelle elle sillonne la planète, contente de vivre à la dure pour le plaisir d'être ailleurs. Si ces mots se tolèrent, elle incarne la douceur baroudeuse.

Je fais l'important, je joue les fiers-à-bras, je me rengorge, je parade comme n'importe quel mâle devant une femelle. (Quoi que disent nos codes de société, les hormones triomphent.) Je lui parle des ours qui sont là, quelque part, tout près, dans les hautes herbes et les buissons ; qui nous ont entendus et, déjà, nous reniflent.

Je crois galéjer.

Le problème est que les ours sont là, en effet.

Nous tombons sur des empreintes dans le sédiment du rivage. Plus longues et larges que mes pieds, et agrémentées de traces de griffes énormes et suraiguës... Attestent aussi de la présence des fauves plusieurs crottes fraîches (prononcez « épreintes » pour avoir l'air poli). Ces amas bruns, et d'une odeur puissante, sont criblés de fruits mal digérés, baies de busseroles rouges, camarines noires et airelles bleu-noir ; preuves que l'art brut niche en chaque chose. Non seulement nous savons qu'il y a des plantigrades dans le secteur, mais nous prenons conscience que nous avons marché loin du camp. Trop... Nous sommes à plusieurs kilomètres des cabanes. Sacha Massalov – l'homme à grosses lunettes et grand fusil – l'a déconseillé.

Demi-tour. Nous hâtons le pas. Le lac balance son clapot. Le volcan Kronotski fume ses brumes. A chaque détour de la berge, je me demande si un colosse brun ne va pas surgir des roseaux, la gueule écarlate, le croc luisant, la babine baveuse et la griffe brandie... Nos précieuses personnes ne pèseraient pas lourd. Odile et moi échangeons des sourires un peu crispés. A l'inverse de tout à l'heure, où je jouais les matamores en lui promettant des fauves prêts à tout dévorer, je fais le malin en lui racontant que nous ne risquons rien, que les ours fuient l'homme, et qu'au besoin, en agitant les bras et en hurlant, nous mettrions l'agresseur en déroute.

Odile semble en douter.

En arrivant au camp, nous allons trouver Sacha Massalov et Evgueni Lobkov – monsieur Ours et monsieur Aigle. Galia Namjilova traduit. La vérité est la suivante : au Kamtchatka, les ours n'ont aucune crainte de l'homme. Ils ne nous dévorent pas souvent non plus : notre chair ne leur plaît guère. Ils préfèrent le saumon et les fruits sauvages. A leurs yeux, nous n'existons simplement pas. S'ils estiment que nous devenons gênants, ils nous écartent d'un coup de patte. Le problème est qu'une gifle d'ours...

Le danger naît dans deux cas.

Lorsque, par imprudence ou inadvertance, un humain se retrouve entre une mère et ses petits : la femelle charge pour défendre sa progéniture.

Ou quand un plantigrade devient fou.

« Cela s'est vu, et même récemment ! raconte Sacha. L'an passé, nous avons eu un ours enragé près du camp... Il attaquait les hélicoptères, ce qu'aucun animal n'ose faire, vu la taille et le tintamarre de ces engins. Il aurait pu agresser quelqu'un : nous avons dû nous résoudre à l'abattre.

— L'an dernier aussi, poursuit Evgueni, il est arrivé un drame au sud du Kamtchatka, près du lac Korestskoïe, où travaillait un photographe japonais. L'homme semblait savoir ce qu'il faisait. Il avait souvent pisté des ours pour leur tirer le portrait. Il n'a pas voulu dormir avec tout le monde, au campement. Muni de sa tente individuelle, il est allé s'installer à quelques centaines de mètres. Je suppose qu'il désirait se fondre dans le milieu ; être plus proche des plantigrades...

— Proche, il l'a été, reprend Sacha. Mais trop !... L'ours est venu pendant la nuit, attiré par l'odeur. Il a reniflé la tente et donné un coup de patte... On a retrouvé le corps déchiqueté. Et même à moitié dévoré... »

Aucune raison de paniquer : chez les ours, la folie n'est pas plus fréquente que chez les hommes. Et souvent moins violente : Erasme serait d'accord.

L'équipe de tournage est prête, le kayak monté. Il s'agit d'un long esquif en plastique rouge, à deux places, avec une petite voile censée nous aider à avancer dans la brise, mais que nous ne réussirons jamais à hisser. (Quelque chose coince dans la rotule du mât amovible. Ne me demandez pas quoi. Ce qui coince dans un mécanisme n'est *jamais* identifiable.) J'endosse mon gilet de sauvetage orange. Je passe ma jupe noire : cette collerette de plastique m'unira au trou de l'embarcation quand j'y aurai glissé les jambes. En attendant de prendre place, j'ai l'air d'un pingouin ridicule. Sur une branche de saule, la corneille à gros bec glousse. Je m'installe, je boucle les œillets, et j'ai le plaisir de constater que j'ai immédiatement les fesses, les cuisses et les mollets trempés. Il y a toujours de l'eau au fond d'un kayak. Celle-ci est froide.

Le vent se lève. Les vagues durcissent et se haussent du col. Le clapot se transforme en claques. Les crêtes blanchissent.

« Le vent se lève ! dit Nicolas Hulot. Je me demande si ça ne devient pas un peu imprudent... »

Il s'installe à la place arrière. On nous pousse vers le large. Nous nous mettons à pagayer. Les rouleaux nous bercent, mais un peu fort et un peu haut ; dans le genre « secouez-moi ».

Gil Kébaïli dirige le tournage depuis la rive. Il crie :

« Essayez de ne pas dessaler ! Elle est glaciale et je ne vois pas comment nous irions vous chercher... »

Tant de sollicitude me touche. Je me remémore ce que me disait un pompier spécialiste des secours aux noyés : en cas de plongeon dans une eau à moins de 15 °C, l'espérance de vie est d'une minute, plus une minute par degré au-dessus de zéro. Le lac Kronotski est à 8° : il nous resterait neuf minutes de bonheur. Une éternité.

J'active ma pagaie avec une énergie décuplée. Le kayak roule et tangue, les vagues choquent la coque. La masse liquide est profonde, d'un bleu foncé que magnifient des moirures de cuivre, de mercure et d'argent. Les goélands du Kamtchatka volent et craillent. De temps à autre, ils se laissent tomber sur la surface aquatique, mouillent leur ventre et redécollent dans une poudre de gouttelettes, avec quelque chose dans le bec.

J'ai toujours rêvé de devenir oiseau. Je me demande jusqu'à quand ce plaisir me sera refusé. Après ma mort, la réincarnation serait logique.

Pour le moment, il faut pagayer. De toutes nos forces. Face au vent du nord... Là-bas, se dresse l'îlot rocheux sur lequel nous tenterons de débarquer. Il est crêpelé de bouleaux jaune clair aux troncs de neige, avec des stries de charbon qui ressemblent à un message en écriture cunéiforme. Nous approchons. Nous longeons une tête minérale de lave obscure. Juste derrière, se niche une minuscule plage de galets grenat sur laquelle la lumière du ciel et de l'eau jette des reflets métalliques. L'étrave racle. Je dégrafe la jupe qui m'attache, je m'extrais du kayak. J'ai l'impression d'être cet explorateur que chacun rêve d'être : je pose le pied sur un fragment de planète qu'aucun homme, peut-être, n'a foulé. On a beau dire, beau faire : c'est devenu exceptionnel et ça rend heureux.

Il est possible que je sois le premier humain sur cet îlot ; mais pas le premier plantigrade. Dans un triangle de boue, des empreintes d'ours montrent que l'espèce aime explorer et qu'elle nage bien, fût-ce en eau froide. Le fauve est peut-être là, à deux pas, dans ce taillis de saules où mènent les traces. Mieux vaut rembarquer.

Nous filons sur l'eau. Les vagues gonflent et se déchaînent. Vent dans le dos. Esquif instable. Ballottements. Eclaboussures. Je hume les embruns. Je me sens saisi d'une exaltation qui m'étonne. D'ordinaire, je n'ai rien du casse-cou : je conduis ma voiture en père de famille, et c'est dans le même état d'esprit que je déjoue les maladies sexuellement transmissibles ou les glissades dans la baignoire. Avec le vent du pôle qui m'agace et un volcan pour coiffer l'aventure, je disjoncte. Je rame comme un champion gonflé à la testostérone et à l'hormone de croissance. Nicolas s'esclaffe.

Nous revenons vers les cabanes. Nous atterrissons devant les caméras, puisque aussi bien nous avons un film à tourner. Selon le scénario, nous sommes censés débarquer pour la première fois au camp Kronotski. Je ne suis pas gêné par la mise en scène. Nous faisons semblant de lier connaissance avec les scientifiques russes et leur équipe. Devant un feu allumé, près de la cuisine, ils nous accueillent avec un verre de vodka et du caviar de saumon. Nous n'avons aucune peine à faire semblant d'aimer ça. Et rien ne s'oppose à ce que nous tournions une autre prise.

Peut-être pas trois ou quatre, en ce qui concerne la vodka ; car nous devons remonter dans le kayak. Par ce temps et sur ce lac, mieux vaut pagayer droit. Les vagues sont de plus en plus dures, et personne ne veut nous perdre ; du moins, pas encore. Nous tournons la scène dans laquelle nous sommes supposés quitter le camp dans quelques jours. Magie de la télévision !

Il nous faut, à présent, embouquer le chenal où le trop-plein du lac Kronotski se déverse et devient la rivière homonyme. En approchant de l'émissaire, l'eau passe du cobalt au saphir, puis à l'émeraude et à un mélange de turquoise et de jade. Le bras se rétrécit, le courant s'accélère, nous filons entre les berges hérissées de roseaux vert-jaune, dans la masse desquels le vent tire des feux d'artifice brun-rouge.

Un aigle royal plane comme une âme.

Le volcan Kronotski.
Peint le ciel
Du bout de son cratère.

12. LA BELLE RIVIÈRE

Or et feu. Le soleil d'automne fait flamber la taïga. Le jeune aigle de Steller vole comme un esprit chamanique. Lumière des buissons et des arbres. Parfum de bouleaux et de saules, que le vent mêle de senteurs venues de la mer de Bering.

Nicolas Hulot s'émerveille à voix haute, avec ce lyrisme, cette emphase que beaucoup apprécient et que d'aucuns lui reprochent. (Est-il inconvenant, ou impoli, de se réjouir de la beauté ? Certains esprits chagrins jugent ces enthousiasmes puérils. Laissons dire les faux blasés, que seule intéresse l'exploration sans cesse recommencée de leur *ego*.)

Nous pagayons entre deux haies de roseaux cuivrés, sur l'émissaire du lac Kronotski – le début de la rivière du même nom, que j'aurais baptisée « Belle Rivière » si j'avais été explorateur... Longs virages. Rives concaves aux talus escarpés. Rives convexes où s'étalent des croissants de sable noir, rehaussés de reflets d'argent... Le courant s'accélère. Le flot est énorme, puissant, profond, d'un vert cru diapré d'émeraude et de traînées d'écume, qui sont autant de messages en langue extraterrestre. Un hélicoptère décolle pour nous filmer, avec le lac au deuxième plan et le volcan au fond.

La pente s'accentue. Le kayak ballotte. L'eau noue et dénoue des cordes vigoureuses. Le clapot chlipchlope et flicfloque sur la coque. Nous devons accoster, faute de quoi nous nous retrouverions entraînés dans de monstrueux rapides. A quelques encablures vers l'aval, la « Belle Rivière » se précipite dans la pente. Elle devient torrent et bondit en cascades tonitruantes. Notre esquif exploserait. Pour nos modestes personnes, ce serait une fin de parcours élégante : *Homo sapiens* naît dans l'eau du ventre de sa mère ; nous retournerions à l'eau ; la messe serait dite et nos molécules rendues au cosmos.

Je songe à l'histoire du lac Kronotski. Il n'a pas toujours existé. Géologiquement parlant, il est même plutôt jeune. Voici environ dix mille ans, il y avait à sa place une vallée profonde, drainée par la Listvenitchnaïa – qui constitue la principale branche amont du système. Cette faille séparait le volcan Kronotski de son voisin, le Kracheninnikov, ainsi baptisé en l'honneur d'un compagnon de Vitus Bering. Une série d'éruptions du géant plutonien déversa dans la pente des millions de tonnes de lave, laquelle vint, en serpents d'or, langues de rubis et tapis rouges successifs, édifier un prodigieux barrage. Le niveau de l'eau s'éleva jusqu'à 372 mètres d'altitude derrière l'obstacle. Ainsi naquit ce lac, profond d'environ 150 mètres et vaste comme deux fois celui d'Annecy (30 kilomètres sur 18). J'aime imaginer que, dans cette masse aquatique, vit encore une énorme créature du temps des mammouths. Un plésiosaure (le monstre du loch Ness ?) serait trop ancien, anachronique.

Coups de pagaie. Des goélands se moquent de ma maladresse. Le bon pagayeur n'éclabousse pas : il plante sa « pelle » avec douceur dans le fluide et tire sur le manche sans s'asperger. Le contraire de ma méthode... L'hélicoptère nous domine et nous tourne autour. Nous accostons rive gauche. Les cailloux de la berge sont noirs et glissants. Les roseaux pourraient cacher un ours, mais nous sommes proches du camp et l'équipe de cinéma accourrait. Je mets les pieds dans l'eau froide. Je glisse sur les galets, je me récupère *in extremis*. Nicolas Hulot débarque, dérape à son tour et évite l'humiliation. Rires. Vers l'aval, le bruit des chutes résonne, enfle, se répercute, devient grandes orgues ou symphonie. Cataractes de musique... Il y a quelque chose d'obsessionnel dans le cycle de l'eau sur la planète. Je me demande si, à force de passer de la mer aux nuages, du ciel aux sources et des rivières à l'océan, le matériau liquide ne va pas finir par s'user. Les physiciens décrivent une « fatigue » de la lumière. Pourquoi pas une « fatigue » des molécules H_2O ?

Nous escaladons le talus en nous accrochant aux roseaux. Les caméras sont là.

« La séquence était bonne, dit Gil Kébaïli... Mais on la refait. Depuis la plage... La descente en entier... »

J'éprouve les gaietés d'un tournage. Quand je me

balade seul, je ne parcours jamais deux fois le même chemin. J'évite un sentier déjà exploré. Par choix et par plaisir... J'obéis à ma curiosité. Je sais qu'en changeant d'itinéraire j'aurai autre chose à découvrir – une bizarrerie, une vision, une saynète, une couleur, une forme, une odeur, l'esquisse d'une impression. Pour l'heure, je me plie aux ordres du metteur en scène. Lequel se démène avec les caprices du nuage qui passe, de la caméra qui grippe, de la cassette à changer, du son cafouilleux, de la batterie mal rechargée qui lâche en pleine prise...

Nous saisissons les amarres du kayak. Portage dans le style des explorateurs. Nous remontons la rivière vers notre point de départ. Voici du renfort : Michel Cadot, Pierre Lenormand, Damien Chatard et Georges Bosio nous relaient. L'esquif pèse lourd et nous avons deux bons kilomètres à franchir dans l'herbe haute, puis sur le sentier du camp. Les baraques et les tentes. La petite plage... Nicolas et moi rembarquons, les jambes et les fesses définitivement trempées. Les vagues nous ballottent, de plus en plus vicieuses. Les goélands se moquent, persuadés que nous allons dessaler. Virage au large, et nous rembouquons la « Belle Rivière ». On nous filme. Nous pagayons. Nous disons des bêtises. Nous échangeons quelques propos plus sérieux sur la géologie du Kamtchatka, que nos micros haute fréquence captent pour les besoins du film.

Je manifeste mon plaisir d'être là, à l'extrémité du monde. Nicolas éprouve le même contentement. Nous bénéficions d'un privilège : savourer la grande nature.

Pour nos ancêtres, le monde sauvage fut un sujet d'inquiétude, une menace. Difficile de survivre dans la jungle d'Afrique hantée de lions à dents de sabre ou dans le froid de l'Europe glaciaire... (Les ours étaient déjà là, en plus costauds ; de l'espèce des cavernes...) Désormais, l'abri, la tente, la hutte, la maison, la ville constituent la norme. La beauté du globe rétrécit comme une flaque sous la canicule. Le luxe consiste à jouir du vaste dehors ; à savourer la vie libre et les immensités qu'épargnent le béton, la bagnole, l'usine, l'immeuble et le journaliste en train d'ânonner les cours de la Bourse.

Nous accostons au même endroit que tout à l'heure. Je repère des empreintes que je n'avais pas vues. Un petit carnivore. Peut-être une zibeline. Je l'imagine : museau fin, grands yeux sombres, pelage de soie gris-jaune à rayures noires. Tellement plus adorable qu'une part de marché !

« Cette fois, c'était parfait, conclut Gil Kébaïli... Bon, on la refait... »

Portage amont (l'helléniste dit : « anadrome »). Troisième prise. Nous tournerons la même scène une quatrième fois, puis une cinquième. De toute façon, la lumière n'est pas bonne. Les cadreurs bougonnent. Le son reste médiocre. Au bout du compte, notre performance ne servira à rien : lorsque je verrai le film terminé, à Paris, je constaterai que l'épisode n'a pas été monté. Sur le moment, je goûte l'effort, même si j'en bave à pagayer, puis à porter l'embarcation. Durant cet exercice, je me découvre une âme de Sisyphe. J'ignore ma faute, le nom de mes juges et la durée de mon châtiment. Mais je prends un plaisir masochiste à l'expier.

Repas bienvenu : caviar et filets de saumon aux pommes de terre, cornichons russes, tarte aux airelles. Un régal, avec de la bière. Après le café (soluble), certains concluent par une vodka tirée de la réserve spéciale des pilotes d'hélicoptère, c'est-à-dire rude et raide, du genre qui incendie la glotte jusqu'à l'intestin grêle ! Je suis désolé de constater que cette mission n'est pas moralement correcte. Il va falloir s'en expliquer devant le Grand Mamamouchi. Nous serons condamnés à pagayer.

L'après-midi, le vent fraîchit. La corneille à gros bec joue avec une feuille morte. Le renard roux détale. Devant la cuisine, j'approche de l'évier où se déverse notre eau de boisson pompée dans le lac Kronotski. Georges Bosio s'abreuve avant moi et maugrée qu'il va attraper une cochonnerie. Il a tort, il le sait : elle est pure. Je me régale. En tant que goûteur de sources professionnel, je suis souvent frustré. Presque partout, la contamination par les microbes ou les déchets de la civilisation rend le geste de boire dangereux ; alors qu'il devrait demeurer le plus innocent... Je puis déguster, siroter, sucer, laper, lamper l'eau du lac Kronotski ; me soûler d'elle ! Il s'agit d'un luxe que s'offraient les peuples du paléolithique. Je savoure ce liquide né de la terre, et c'est une communion. Si l'eau pure est le lait de Gaïa, je tète ma mère avec délices.

Le soir tombe, je décide de me dégourdir les jambes. Une sublime lumière rouge irradie du soleil vautré à l'horizon. Le volcan Kronotski parade dans sa gloire, au-dessus du lac bleu-noir. Le cône éruptif se barde de roches violet-mauve et gris perle, que rehaussent des lisérés de pourpre, et que traverse l'écharpe d'un nuage de cuivre. Je marche seul, en direction de la pente ravinée, parmi les saules, les bouleaux, les mélèzes et les pins nains. Je me faufile entre ces derniers. Ils sont touffus, hauts de moins de 3 mètres, hérissés de rameaux épais qui me gratifient d'une caresse au parfum de résine. Les « cèdres des ours »... J'en cueille un cône. Trapu. A la fois rugueux et doux... Mûr, il a l'exacte nuance marron de la fourrure des plantigrades. J'écarte les écailles, je secoue : les graines tombent en tourbillonnant. Je sème le Kamtchatka futur !

Je traverse des étendues de buissons jaune, vert et rouge. Je goûte les baies noires des camarines, les baies rouges des busseroles, les baies bleu-noir des airelles. Les iris de Sibérie forment un peuple innombrable. Leurs fruits en capsules de papier beige, à trois loges, regorgent de graines orange vif. J'imagine ces végétaux au début de l'été, quand leurs fleurs épanouies jettent un voile bleu sur la montagne. O Vladimir Arséniev ! Dersou Ouzala en rit derrière son nuage...

Je grimpe. Je sais que je suis imprudent ; que l'ours pourrait ponctuer la balade d'un coup de patte écologiquement définitif ; que ma méditation sur la fragilité des existences pourrait finir éventrée par cinq griffes... J'envisage ce cas de figure, mais je n'y crois pas. Je me sens bien. J'inspire. Je m'enivre. Je gonfle mon âme. Il me semble que je hume l'odeur d'une bête fauve, mais ce doit être une illusion. On me jugera téméraire, aussi inconscient que le photographe japonais qui se fit démembrer... J'accepte la critique. Il m'arrive d'aimer le danger. Ce soir, j'ai besoin de palpiter. De concentrer mon adrénaline. De me retrouver dans la peau de l'homme primitif livré à lui-même, sous la menace des prédateurs, dans la taïga, sur la montagne, au milieu du désert ou dans la jungle tropicale... En agissant ainsi, je ne mets en péril que ma vie, à laquelle j'accorde peu d'importance. Au bout du compte, c'est moins dangereux qu'un *ouiquende* en voiture.

La pente s'accentue. L'obscurité s'établit. Je trébuche sur une pierre. Je me prends les pieds dans un buisson. J'ai parcouru du chemin depuis le camp, dont je vois briller les feux tout en bas... Pierre Lenormand a mis en route le groupe électrogène, qui teufteufe en sourdine. Le lac – à présent tout noir – dessine ses contours en négatif, tel un immense péritoine sur les viscères de la péninsule. Mon regard fuit vers le nord et les crêtes neigeuses, quasi fluorescentes, du volcan Kizimène ; plus loin, du Klioutchevskoï, où nous monterons demain.

Les étoiles s'allument. L'air est froid. Je fais demi-tour. Je lève une dernière fois les yeux vers la cime du Kronotski. Un nuage couronne le glacier terminal : on jurerait un anneau magique offert à une princesse, dans un conte sibérien psalmodié par un chamane. Des branches craquent sur ma gauche. L'ours ? Je frissonne à peine : il me semble que, si c'était lui, s'il devenait le visage de ma mort, tout serait en ordre. Je suis prêt. J'ai peu de regrets. J'ai contemplé l'Himalaya, l'Amazonie, les « quarantièmes rugissants ». Je me suis gentiment servi de ma cervelle et de mon sexe. J'ai fait quatre beaux enfants, qui se débrouilleront sans moi. Leur mère et eux-mêmes éprouveront de la peine. Des amis prononceront quelques mots gentils sur ma tombe.

Puis on m'oubliera... Je mourrai heureux, en embrassant le Kamtchatka.

J'attends l'ours de mon destin. J'ai franchi la barrière de la peur. Mon être se tend vers le mystère. Mais les bruits de branches cessent. S'il s'agissait d'un plantigrade, je ne l'intéresse pas. Si c'était une illusion auditive, je lui donne le nom de poème et je l'attache comme une portée de musique à la queue de la Grande Ourse.

13. LE GÉANT BLANC

J'ai rêvé que la Grande Ourse accouchait d'un ours ; celui-ci descendait sur la Terre au Kamtchatka.

Je me suis réveillé à 2 heures du matin. Dans le poêle, les tisons rougeoyaient. J'ai mis une bûche : les flammes sont reparties en ronflant. Je suis sorti. Ciel limpide, froid vif. Les constellations brillaient comme dans un poème de Victor Hugo ou de William Blake. Descendu dans l'herbe, j'ai pissé sur un buisson. Rien n'est doux comme d'uriner sous le toit des étoiles. On a l'illusion de participer du cosmos par chaque vaisseau, humeur ou fluide de son corps. On se sent inséré dans le cycle des énergies, des atomes et des molécules.

A ma place, Buson ou Issa auraient composé un haïku ; quelque chose comme :

Pissé sur le cèdre
Parfum d'étoiles
L'ours ronchonne

Je suis rentré et je me suis glissé dans mon sac de couchage. Soupir de plaisir... J'ai fermé les yeux. J'ai vu – je le jure ! – l'ours du ciel esquisser un sourire. Je me suis rendormi comme un enfant.

Au matin, je contemple le mont Kronotski à travers les vitres de ma lucarne. Le cône énorme est gris-bleu sur fond de ciel mauve, comme le Fuji Yama d'une des *Cent vingt vues* d'Hokusaï. La corneille à gros bec attend. Je saute dans mon pantalon. Toilette de chat – ou de zibeline. Petit déjeuner : café soluble, œufs de saumon, tartines de miel.

Je prends mon tour devant les W.C. Pour les besoins de quelque importance, nous disposons de deux édicules jumeaux en planches grossières, montés sur fosse, avec trou rond et parfum *ad hoc*. J'aborde ici un aspect « bout du monde » de la mission. De telles réalités doivent être dites pour l'édification des candidats au voyage. Ici, on a le volcan, l'iris et l'ours, mais pas la chasse d'eau. Le résidu corporel s'en moque. Je le soupçonne de préférer le rustique. Que vaut-il mieux, pour un matériau recyclable : la propreté javellisée de l'émail, ou la douce ambiance de l'humus aux multiples potentialités organiques ?

Les interrogations philosophiques et les nécessités physiologiques matinales étant posées, le monde semble plus juste, plus réceptif. En équilibre. Prêt à admettre mes stupidités, à supporter mes à-peu-près sentencieux ou la puérilité de mes ébahissements. Une bergeronnette grise hoche sa longue queue sur le toit de la tente collective. Des coccinelles cherchent refuge dans une capsule d'iris de Sibérie. Un pluvier décolle au bord du lac, où barbotent des canards et des oies sauvages. Evgueni Lobkov sort en courant du réfectoire et montre le ciel. Une douzaine de grues migrent vers le sud : des grues du Canada... Elles appartiennent à la population sibérienne de l'espèce. Aux jumelles, elles révèlent leur gloire : long bec en épée, long cou, longues pattes ; plumes gris pâle, lavées de rouille aux ailes et à la queue ; et béret rouge sur le crâne... Evgueni m'apprend qu'ici passe parfois la sublime et rare grue blanche du Japon (ou de Mandchourie) ; laquelle, en hiver, danse sur la neige d'Hokkaïdo comme un chaman en transes.

Les équipiers se préparent. Georges Bosio n'a, dit-il, « pas fermé l'œil de la nuit » ; il a eu froid ; sa pneumonie prend des allures de catastrophe, au point qu'elle se transforme en rhume. Le Dr Michel Cadot lui donne un puissant placebo qui ne lui fait aussitôt aucun effet. Yannick Fleuriault bidouille son Nagra : la prise de son est un mélange de boutons à tourner et de piles d'émetteur H.F. trop vite déchargées. Patrice Aubertel nettoie sa caméra, après avoir réglé la Wescam boulonnée au flanc gauche d'un hélicoptère. Christophe Kenck fortifie ses muscles pour justifier son surnom hollywoodien de « Bruce ». C'est le benjamin du groupe. Par certains côtés, encore un peu « ado »...

Gil Kébaïli révise ses plans de campagne – l'œil noir et le sourcil froncé. De temps à autre, il feuillette le calepin sur lequel il a noté les séquences à mettre en boîte et qui, jour après jour, se transforme en cimetière de bonnes idées impossibles. Il en va ainsi à chaque tournage... Nicolas Hulot téléphone par satellite à

Paris une autorisation officielle qui traîne, pour le prochain *Ushuaïa-Nature*. Damien Chatard et Pierre Lenormand s'activent, comme d'habitude.

Les pilotes d'hélicoptères graissent leurs engins, les bichonnent et les chouchoutent. Leur parlent un langage que les simples mortels ne peuvent pas comprendre. Pour les passagers promis à la carlingue, tant de sollicitude rassure. On se dit que, non seulement le moindre boulon est serré, mais que l'engin aime son maître et ne le trahira pas. Moralement, ça fait du bien quand on s'apprête à survoler un volcan du bout du monde, dans un engin qui vibre comme une maladie de Parkinson.

L'équipe « Nord » boucle ses malles. Elle est formée par le réalisateur Alain Tixier, le cadreur Thierry Naud, la preneuse de son Odile Darmostoupe et l'ethnologue Boris Chichlo. Ces quatre-là vont nous quitter : 900 kilomètres à accomplir en hélicoptère, vers le pays des Koriaks.

Les Koriaks... On les appelle aussi « le peuple du renne ». C'est une des ethnies aborigènes de la péninsule. La principale, avec les Evènes (« le peuple du saumon ») et les Itelmènes (« le peuple de la zibeline »). Les indigènes sont peu nombreux au Kamtchatka : à peine 10 000, sur les 450 000 habitants de la province. Rescapés d'une histoire lamentable.

Le sort des Koriaks a été celui de la majorité des « primitifs » sibériens. Déculturés une première fois par les colons russes sous les tsars, ils ont été sédentarisés et regroupés en kolkhozes par les Soviétiques, qui n'admettaient d'autre chaman que le secrétaire de cellule du Parti, en relation avec les esprits Marx, Engels, Lénine et (un temps) Staline. On les a contraints à quitter la tente ou la hutte pour le bidonville préfabriqué. A abandonner la vie nomade, l'élevage du renne, leur langue maternelle et la vénération de leurs totems pour devenir bûcherons, pêcheurs ou employés de l'armée Rouge. A présent, oubliés par Moscou et livrés à la misère par le collapsus des services de l'Etat, ils tentent de redevenir – avec mille difficultés – ce qu'ils furent jadis. Ils recommencent d'élever le renne pour son lait, sa viande, sa peau, ses os, ses bois et le reste (dans le renne, tout est bon) ; et de voyager en suivant les migrations de ce brouteur de lichens. Ils essaient de reconquérir ce qui subsiste de leur culture après plus d'un siècle de russification forcée. Boris Chichlo veut étudier cette renaissance. Elle le passionne sur le plan personnel. Il la décrira pour la science dans le cadre d'une publication du Centre national de la recherche scientifique. Alain Tixier, Thierry Naud et Odile Darmostoupe feront de ce voyage un petit format documentaire pour *Ushuaïa-Nature*.

Sur l'aire d'atterrissage, un hélicoptère est prêt, pales tournantes. Nous accompagnons ceux qui vont s'envoler vers le Grand Nord. Bref dialogue pour la caméra, embarquement, saluts, portes closes, rotors qui vrombissent. Le Mi 8 jaune et bleu s'élève à la verticale au-dessus du camp, bascule en marche avant et file. En une minute, il est moucheron dans le ciel. Mais il redescend et se pose. C'était un départ de cinéma. Le vrai voyage de l'équipe Tixier vers le nord commencera plus tard.

Dans l'immédiat, destination Klioutchevskoï.

Le volcan des volcans. Le tsar. Le timonier. La cime majeure du Kamtchatka. Le grand esprit de la contrée. Le colosse neigeux de la province. Le plus haut sommet de la péninsule et le plus formidable volcan d'Asie... Il culmine à 4 750 mètres – quasiment à l'altitude du mont Blanc. Nous tournerons autour de lui. Nous nous poserons sur les glaces qui lui font une gaine étincelante. Nous irons – avec prudence – humer ses fumées.

Première étape : refaire les pleins de carburant au village de Lazo, dans la vallée du fleuve Kamtchatka. Décollage. Les roseaux et les herbes se couchent autour des deux appareils dans lesquels nous nous répartissons. Les cabanes du camp rétrécissent, deviennent minuscules, s'évanouissent sous le mont Kronotski. Le lac, semé d'îlots, prend des allures de mer d'un bleu intense : un simulacre d'océan Pacifique... Passé la rive nord, je contemple un infini de taïga. Forêt de conte ! Les couleurs s'y épousent comme dans une toile où Gauguin se serait chargé des jaunes, Matisse des rouges, Van Gogh des verts. Dans les clairières d'or et d'écarlate, se promènent des rennes sauvages et des élans. Une meute de loups se faufile dans les buissons. Un ours détale. On soupçonne, dans les fourrés, le renard argenté, le chien viverrin, le glouton, le vison, le castor et le lynx. Je n'ai pas les yeux assez grands pour tout voir, ni la mémoire assez puissante pour tout enregistrer.

Nous franchissons les contreforts dénudés, basaltiques, fantastiques, du volcan Kizimène. Pics, aiguilles et falaises, lacs fumants d'acides et de brumes, sierras, donjons, cratères, ravins comblés de neige... Un vol de grues à tribord... Nous plongeons vers la vallée, à nouveau au-dessus de la taïga qui est ici épaisse, confuse, ponctuée de lacs et de marécages bleu-vert aux reflets violets.

Le fleuve Kamtchatka coule vers le nord, puis le nord-est. Il partage la péninsule dans sa longueur avant de se jeter dans le Pacifique. Nous survolons ses méandres d'argent gris-vert. Là... Une route de terre et quelques pistes annexes ; les premières que je vois depuis Petropavlovsk-Kamtchatski... Le village de Lazo est proche. Des espaces défrichés rappellent qu'ici, à plusieurs reprises, les colons russes tentèrent de labourer la terre et de planter des céréales. En vain. Même l'orge et le seigle les plus rustiques souffrent du climat rude, des hivers sans fin, des sols trop longtemps gelés qui deviennent bourbiers pendant le bref été. Ne poussent que les légumes des potagers : pommes de terre, choux, betteraves, cornichons ; ce qu'il y a de plus russe !

Lazo. Des isbas modestes. Des ruelles de terre bordées de bouleaux. Le *« Far East »*... Atterrissage sur le terrain de football cabossé. Les enfants accourent, les parents suivent. Ravitaillement. Les pilotes déchargent leurs bidons et font le plein. Nous vidons entièrement les deux appareils.

« Nous devons nous alléger le plus possible pour grimper à 5 000 mètres, explique Aiwar Bebrich. Nos Mi 8 sont costauds, mais lourds. A l'altitude du Kliout-chevskoï, ils touchent la limite de leur capacité ascensionnelle. Nous emporterons peu de matériel. Et uniquement les équipiers indispensables.

— Nous allons passer un bon moment à 4 000 mètres, dit le Dr Michel Cadot. J'ai prévu un sac de recompression et des bouteilles d'oxygène, pour le cas où quelqu'un aurait le mal des montagnes. »

Portes fermées, décollage vers le géant. Le paysage ne rappelle rien de ce que je connais. J'y vois un improbable mélange d'enfer et de paradis. Nous quittons la rivière et ses marécages, puis la taïga colorée par l'automne. Nous remontons la pente en hyperbole du massif plutonien. Les hélicoptères se suivent comme des moucherons. Des bancs de brume les engloutissent. Ils en ressortent scintillants sur ciel d'azur.

Les coulées de lave s'organisent à la façon des artères d'un immense animal ; avec des vaisseaux principaux et secondaires, des crosses, des arcs, des divergences et des anastomoses. Oui ! Les volcans constituent les vaisseaux sanguins de la planète. Ils acheminent le liquide nourricier – la lave rouge – dont dépend la vie. Je détaille l'itinéraire de ces conduits que la neige dissimule en altitude. Il me semble qu'un pouls y bat encore. Les pics, les dômes et les falaises me paraissent des organes : des poumons, des cœurs, des estomacs, des foies, des reins, des boyaux... Des cerveaux, bien sûr, avec leurs circonvolutions.

Les volcans ont précédé, préparé, conditionné la prodigieuse aventure des organismes sur le globe. L'ont-ils pensée ? Je me plais à croire que, si la Terre a rêvé les existences avant de les créer, c'est par la médiation de ses cratères.

Au Kamtchatka, je puis poser la mère de toutes les questions philosophiques.

D'où vient la vie ?

14. LES NEIGES DU KLIOUTCHEVSKOÏ

Obsédant « flop-flop » des pales d'hélicoptères.

Ronflements. Vibrations. Les mots que je griffonne sur mon calepin ont la tremblote. Ma littérature devient parcours de mouche soûle. Ou folle.

A plus de 2 500 mètres d'altitude, la pente raidit. Nous montons en suivant la moraine médiane d'un glacier titanesque, né du cirque qui sépare les volcans Kamène et Klioutchevskoï. Je contemple ces jumeaux gris, bleu et blanc. On dirait deux seins de nymphe ou de déesse à peine pubère. Deux cônes lumineux, érigés vers le ciel : une poitrine de vierge pour une cosmologie nouvelle ; deux tétons tendus dans leur dentelle de brume. Symboles du monde à venir... L'amateur de mythes y verra le poème de l'apparition de la vie, qui se nourrit aux mamelles des cratères.

Le Klioutchevskoï atteint 4 750 mètres. Le Kamène est presque son égal : 4 575 mètres. Le Bezimiannyi, plus méridional, est moins haut : 2 950 mètres. Il a une excuse : lors de sa cataclysmique éruption de mars 1956, celle dont parle Haroun Tazieff et qui m'a fait rêver du Kamtchatka, il a perdu plus de deux cents mètres d'un coup. Ce fut (avec celle de Santorin, dans les Cyclades, au xve siècle avant Jésus-Christ) la plus colossale déflagration que la Terre ait ouïe aux temps historiques : des millions de tonnes de minéraux changés en cendre et poussière par la pression soudain libérée des gaz...

Le groupe du Klioutchevskoï compte douze cônes majeurs. C'est le nœud plutonien le plus ardent de la planète. Je survole, dans sa gloire boursouflée, la plus volumineuse poche à magma qui existe sous la croûte terrestre. Outre les trois sommets cités, et l'Ouchkovski sur lequel nous nous poserons tout à l'heure, figurent dans cette assemblée le Krestovski, les deux Tolbatchik (Ostri et Ploski), les deux Zimina (Ovalnaïa et Ostraïa), le Srednaïa et les deux Oudina (Bolchaïa et Malaïa). Douze dieux, autant de travaux d'Hercule, d'apôtres, de signes du zodiaque, ou de ce qu'on voudra dans le système duodécimal.

Nous montons. Je savoure l'assomption. L'air est limpide, le ciel d'un azur volé à la banquise arctique. Nous filons vers le Bezimiannyi. Il fume avec force. On le dirait surgi de l'imagination fantastique d'Edgar Poe ou de Lovecraft. Il est étrange, bordé de glaciers chaotiques, zébré de fissures et de champs de lave anthracite, crêpelé de dentelures ocre jaune et brun-rouge. Le nouveau cône éruptif grandit, tel un bébé monstrueux, dans le ventre béant de l'ancien. Cet amas de matériaux roux et grenat-noir est environné de vapeurs livides. Au fond du cratère, je distingue les reflets sang et or de la lave. L'activité de cette faille éruptive est incroyable. Le magma monte dans la cheminée, mais avec difficulté. Il se compose surtout d'une andésite visqueuse, qui se solidifie à mesure qu'elle s'extrude. Un jour (dans dix ans ? cent ans ?), un bouchon fermera l'orifice et piégera sous lui un prodigieux volume de gaz sous pression. Qui fera sauter le couvercle.

La Cocotte-Minute prépare son cataclysme. Celui de 1956, en ôtant quelques centaines de mètres à la montagne, y creusa une caldeira de 1,5 kilomètre sur 3 et dispersa une énergie équivalente à celle de plusieurs milliers de bombes atomiques. Le paroxysme éjecta des millions de tonnes de cendres, qui retombèrent sur des centaines de kilomètres carrés. Le nuage monta à 30 kilomètres dans la stratosphère et tourna pendant des mois autour du globe en perturbant les climats mondiaux. Si le Bezimiannyi avait explosé près d'une grande ville (comme Naples, qui craint le Vésuve, ou Mexico, qui redoute le Popocatepetl), la catastrophe aurait fait des millions de morts. Au Kamtchatka, aucun humain ne vivait à proximité. Excepté, peut-être, quelque trappeur, improbable descendant de Dersou Ouzala, dont le destin rejoignit en ce cas celui de Pline le Naturaliste, mort en 79 à Pompéi, lors de l'éruption du Vésuve.

Aiwar Bebrich et son collègue font grimper nos hélicoptères le long des pentes du Kamène, autour duquel nous tournons. La silhouette de ce sommet est un peu dissymétrique, luisante de glace et de neige, avec de colossales falaises en surplomb du côté nord. Je jette un coup d'œil à l'horizon méridional : au-delà du Kizimène, sortant de la mer de nuages, je repère la pointe du Kronotski.

Nous montons, à présent, jouer les mouches dérisoires autour du Klioutchevskoï. Le cône idéal. Un exemple de symétrie. L'image de la puissance de la déesse Terre... Nous escaladons les parois ultimes par la voie des airs. 4 500 mètres... 4 750... Nous égalons le géant. Nous continuons de monter. A 5 000 mètres, nous dominons la pointe fumante. Le cratère sommital, gris et neige, est emboîté dans une caldeira ovale. Les pentes ravinées montrent de longues coulées de lave. La glace confère à l'ensemble une froide noblesse.

Rien n'est sublime comme de se retrouver suspendu au-dessus d'un volcan actif. Une vapeur sulfureuse âcre, acide, agressive, pénètre dans la carlingue et nos narines. Bien entendu, l'éruption n'en est pas à son paroxysme, auquel cas nous serions descendus par une D.C.A. de bombes en ignition. Mais le spectacle est saisissant. L'orifice ultime, aux rebords tapissés de soufre, luit d'une lueur jaunâtre, de la couleur qu'on prête aux yeux de Satan. Les fumerolles s'élèvent en écrivant dans l'air des manières de lettres, de mots, de phrases. Un texte énigmatique dans une langue que les humains ne peuvent pas comprendre...

Je regarde mes compagnons. Ils ont le sourire aux lèvres et le regard perdu. Ils « badent », comme on dit dans le Midi. Pétrifiés par la grandeur de la scène. Nicolas Hulot m'adresse un coup d'œil complice. Tout discours est superflu lorsque la différence entre la dimension de la nature et celle de l'homme devient excessive. Les religions naquirent d'une expérience du monde au cours de laquelle le prophète se sentit vermisseau sous les étoiles ou papillon face aux feux de la Terre. Je fonderai, quelque jour, un culte païen qui n'aura de dieu que le cosmos, de déesse que la beauté, et de serviteur que le poète.

A cet instant, notre hélicoptère décroche et plonge de 50 mètres dans un trou d'air. Aiwar Bebrich rétablit de façon magistrale l'assiette de l'engin. Cœur sur les lèvres et chamade générale ! L'émotion se résout en rires. Le pilote explique que la mésaventure n'est pas rare quand on survole les volcans, à cause des turbulences nées de la différence de températures entre l'air de la contrée et l'haleine du cratère. La science aérologique prend parfois des allures de loterie.

« Flop-flop » des rotors. Nous nous dirigeons vers l'Ouchkovski (3 943 mètres). Un monstre. En volume, c'est le champion de la péninsule. Nous approchons de sa cime, que flanque la pyramide obscure du Krestovski (4 108 mètres). Le sommet aplati consiste en une immense caldeira emplie de glace et de neige, qui prend des allures d'inlandsis arctique. Cette masse blanche, irrégulière, zébrée de reflets gris-bleu, bordée de rochers de dentelle noire et striée de crevasses bleu-vert, alimente les deux glaciers majeurs du Kamtchatka : l'Erman et le Bogdanovitch.

C'est sur ce replat hostile que nous devons nous poser. Gare !... Sur une neige trop molle, les hélicoptères s'enfonceraient : rotors rompus, hachis de passagers. Sur la glace vive, les engins déraperaient avant de se fracasser. Deux versions du désastre... J'ai le sentiment d'aborder une planète inconnue. Je me rappelle les spéculations des astronomes à propos du sol de la Lune, avant les vols sélénites : le véhicule spatial allait-il s'enliser dans une poussière si épaisse qu'elle lui interdirait de repartir vers la Terre ? Ou bien chuter sur une roche compacte et éclater ?

Aiwar Bebrich approche son appareil de la neige. Il fait du surplace, à un mètre au-dessus de la couche blanche. J'ouvre la porte. Un équipier russe saute, muni d'une pique de fer avec laquelle il sonde le substrat. Trop mou à gauche... Trop gelé à droite... Trop en pente devant... L'assistant finit par trouver un coin solide et plat. Les patins du Mi 8 touchent le névé. Ils s'enfoncent plus que nous ne le pensions ; mais ça tient... Aiwar n'arrête pas son moteur avant d'être certain que l'engin est stable et qu'il pourra redécoller. L'autre hélicoptère atterrit avec la même circonspection à une cinquantaine de mètres.

« Séquence exploration », dirait Nicolas Hulot.

Séquence admiration, plutôt...

J'ai de la peine à brider mon enthousiasme. Je marche – non : je cours ! – au sommet d'un volcan du Kamtchatka. Je hume l'air froid de l'Extrême-Orient, à 4 000 mètres d'altitude. Quand j'écris que je gambade, c'est à la façon du chamois, bien sûr ; mais quinquagénaire, ce qui relativise l'idée de vitesse. Je ne ressens aucun symptôme du mal des montagnes. Nous ne sommes pas assez haut pour que le défaut d'oxygène devienne gênant. Je me laisse gagner par l'euphorie. Mes pieds font corps avec la neige, tantôt glacée, tantôt poudreuse, tantôt tôlée et soufflée par le vent. Je dérape avec ravissement. J'enfonce avec délices. Je me délecte de mille sensations froides : le vent qui gifle ma figure (il fait moins 15 °C), le frottement de l'air sur ma combinaison de montagne, les ondes du fluide aérien à travers mon bonnet, l'odeur de soufre que certaines rafales apportent, le goût des glaçons que je suçote, le contact rugueux de la lave qui dépasse du névé.

Surtout, il y a le spectacle. Un absolu gris, bleu et blanc. Les cônes jumeaux du Klioutchevskoï et du Kamène jaillissent de la terre et défient le ciel. Prométhée les inspire : il fut puni par Zeus parce qu'il offrit le feu à la vie... Je scrute les sommets qui émergent de la mer de nuages : notre voisin, le Krestovski. Le Bezimiannyi et les autres membres de la tribu du Klioutchevskoï. Plus loin, vers le nord, le groupe du Chiveloutch. Vers l'ouest, la famille de l'Itchinski. Vers le sud, le Kizimène, le Kronotski, les deux Semiatchik et le Karimski. Jusqu'aux pointes lointaines de l'Avatcha, du Koriakski et de leurs compères, qui dominent Petropavlovsk-Kamtchatski.

Ces cimes me paraissent des navires de songe sur l'océan du monde ; une escadre ; une Invincible Armada sur la houle des origines... Je perçois à quel point le Kamtchatka constitue un lieu crucial de la Terre. On y recense plus de trois cents volcans, dont une trentaine en activité : dix pour cent de la puissance éruptive du globe. A elle seule, la péninsule disperse le dixième de l'énergie planétaire !

Je me figure les plaques tectoniques, ces radeaux de Titans qui dérivent sur le magma en ignition. J'imagine les continents qui s'éloignent, se rapprochent, se frôlent, se télescopent, se percutent ou se chevauchent. Je me représente, depuis ces hauteurs, la plaque du Pacifique qui s'enfonce sous la plaque de l'Asie : ainsi se lève le Kamtchatka, la plus formidable boursouflure de la ceinture de feu du Pacifique. Je domine le lieu du globe où le processus de subduction est le plus rapide – 10 centimètres par an ; deux fois la vitesse de séparation des Amériques et de l'Ancien Monde... Pas étonnant que, dans ces parages, le volcanisme soit si frénétique, les éruptions si brutales, les séismes d'une telle magnitude, les spasmes de la croûte terrestre si féconds...

Je récolte un lot d'échantillons de roches : andésite et basalte. Je palpe ces minéraux nés des fertiles fureurs de la Terre. Je les frotte entre mes doigts. Ils ont la rugosité des enfants de la chaleur et du temps.

Ils ressemblent à des fleurs, à des coraux, à des insectes, à des reptiles. Je ne suis pas loin de leur trouver forme humaine.

Nicolas Hulot récite l'introduction générale à son émission devant la double gloire blanc-bleu du Kliout-chevskoï et du Kamène. Je rejoins le Dr Michel Cadot de l'autre côté de l'inlandsis de l'Ouchkovski. Longue marche dans la glace, la neige et la lave. Photo souvenir. Discussion sur les montagnes. Nous évoquons Chamonix, le mont Blanc, les Grandes Jorasses, l'aiguille Verte et la cohorte des sommets savoyards qui nous sont chers. Moucherons au bout de l'Eurasie, nous regardons vers l'ouest et les Alpes où nous étions voici deux mois, à proximité l'un de l'autre ; lui, grimpeur de première force, dans le rôle de l'homme-araignée sur la face ouest des Drus ; moi, amateur de fleurs de l'extrême, en extase devant les achillées naines et les séneçons argentés du Jardin de Talèfre.

Je prends un indicible plaisir à m'imaginer simultanément en deux lieux de la Terre. Regardez ! Je me dresse à la fois sur le mont Blanc et sur le Klioutchevskoï. Des deux côtés de l'Eurasie...

En cédant à ce rêve ubiquiste, je dépasse l'imbécile condition humaine et je me rapproche de celle des anges. Je m'extirpe de mon enveloppe de carne et de nerfs. Je frôle la sphère du poème.

Laissez-moi planer au-dessus des volcans comme la grue du Japon !

15. ENFANTS DU KAMTCHATKA

Si haut qu'on monte, il faut redescendre : ce retour du Klioutchevskoï prend – paradoxe ! – des allures de voyage sous-marin.

Nous voguions d'île en île, dans le bleu et le blanc, au-dessus de la mer de nuages. Nous piquons dans le flot gris de la vallée en suivant le cours d'un gros glacier. J'ai le sentiment de vivre *Vingt mille lieues sous les mers* ; ou de recommencer – avec un décalage – une mission « Cousteau » en soucoupe plongeante. Albert Falco pilote le submersible. Il manipule les leviers de commande et oriente les propulseurs. Tout se passe comme si nous suivions un canyon englouti en direction d'un grand fond. Je regarde par le hublot. Le plancton en suspension s'incarne en moustiques, les bancs de poissons en passereaux, le requin griset tournoie sous l'apparence de l'aigle royal.

Je me délecte de la géographie que je survole. Plus

j'avance en âge, plus je redeviens enfant par ma façon d'observer. Le psychiatre murmure que c'est le sens du mot « gâteux ». Il a raison. Mais quel plaisir de régresser au stade émerveillé !

L'organisation des vallées, les coulées de lave, les névés qui nourrissent les glaciers, les crevasses et les séracs, les falaises et les moraines, les torrents qui explosent en cascades puis écument dans la toundra d'altitude, avant d'entrer dans la forêt clairsemée des hauteurs, puis dans la taïga épaisse et marécageuse qui mène au fleuve Kamtchatka : tout subjugue, tout inspire le plaisir et le respect. J'aime ces folies minérales et biologiques. L'eau sous ses trois états : solide, liquide, gazeux. Les algues, les champignons, les mousses et les fougères ; les arbres, les herbes et le cortège des animaux... J'y observe le grouillant résumé de la vie sur la Terre. L'esprit de Gaïa, déesse créatrice ou astre inventif... J'aime ma planète, cette parcelle d'univers qui combine le temps, l'espace et l'énergie pour imaginer la vie et la mort ; le hasard et la nécessité ; l'amour et le beau...

Les hélicoptères survolent les arbres de la plaine, les pistes forestières, le fleuve Kamtchatka et l'unique route asphaltée qui court au milieu de la péninsule. Voici les maigres cultures, les jardins potagers et les isbas de Lazo. Atterrissage sur le terrain de football.

Les membres de l'équipe *Ushuaïa-Nature* qui ne sont pas montés au Klioutchevskoï (crainte de surcharge à 5 000 mètres) ont déballé les sacs du casse-croûte.

Page précédente
La rivière Choumnaïa draine les étangs et les sources bouillantes de la caldeira d'Uzon, puis s'en échappe en serpentant dans une steppe de hautes herbes et de roseaux que l'automne teinte de cuivre et d'or.

Ci-dessus
Le volcan Kronotski s'embrume au-dessus des saules, des bouleaux et des buissons d'airelles.

Ci-contre, en haut
L'airelle : le régal sucré de l'ours et du voyageur !

Ci-contre, en bas
Les feuilles rouge sang des saules nains forment un tapis doux aux pieds.

Ci-dessus
Crépuscule sur le mont Kronotski… La perfection du volcan inspire le poète et le peintre. On rêve d'un Hokusaï qui donnerait une série des « *Cent vingt vues* » de ce sommet, comme il a gravé celles du mont Fuji. Les ours savent-ils à quel point leur montagne peut devenir belle ?

Ci-contre
Cœur battant, cœur violent ! Toutes les six à huit minutes, au-dessus de la petite cabane bleue où on l'étudie, le volcan Karimski explose en éruption phréatique. En attendant sa prochaine colère majeure : alors, il dévastera les environs sur des dizaines de kilomètres carrés. Mortelle beauté !

Ci-contre, en haut
L'infini des volcans et des nuées du Kamtchatka, contemplé depuis le sommet de l'Ouchkovski… « Contemplé » est le mot qui sied. Au premier plan, le Bezimiannyi, que son explosion de 1956 décapita, en provoquant l'un des plus formidables cataclysmes de la Terre, depuis que l'homme existe.

Ci-dessous
Plaisir de la neige au bout du monde, en haut d'une passion !

En bas, à gauche
La « vallée de la Mort » (fumerolles, lacs acides bouillants et cendres hostiles à la vie), en montant vers le Semiatchik.

En bas, à droite
Le cône parfait du Kamène, frère jumeau du Klioutchevskoï.

Ci-dessus
La caldeira d'Uzon et le lac Fumerolle. La grosse marmite du diable continue de bouillir dans les profondeurs !

Ci-contre
Ces filaments grisâtres prospèrent dans une source acide et bouillante. Il s'agit de colonies de bactéries thermophiles, identiques aux premières formes de vie apparues sur la Terre voici quatre milliards d'années. Nos plus lointains ancêtres !

Page de droite
Deux vues de la cabane des gardes de la réserve Kronotski, dans la caldeira d'Uzon. Ici s'écrit le poème de la maison bleue, de l'herbe d'or et de l'ours brun.

Ci-dessus
La vallée des Geysers ; en russe, *« Dolina Gueizerov »*. Une trentaine de ces bouches crachent leur vapeur blanche vers le ciel, à intervalles plus ou moins réguliers.

Ci-contre, au centre
L'ours brun ; en russe, *« medved »*… Le seigneur, le prince du Kamtchatka, où l'on en recense quelque six mille sujets. Mangeur de saumons roses et d'airelles bleues, mais pas d'humains !

Ci-contre, en bas
L'impétueuse rivière Kronotski s'échappe du lac homonyme, sous le volcan également homonyme. Pour l'émotion, on recommande de la franchir six fois en tyrolienne !

Les enfants du village les entourent. Une vingtaine de gosses.

Nous attaquons nos sandwichs au saucisson et cornichons. Lourd, le pain... Gras, très gras, le saucisson ! Mais le lard leste le corps du voyageur... Croquants, les cornichons : ils picotent l'intérieur de la bouche comme un vent froid l'extérieur de la joue... Un bel appétit nous anime : les balades sur les volcans, à l'altitude du mont Blanc, ça creuse ! Blagues habituelles à l'heure des ventrées... Dès qu'il y a plus de deux humains réunis, ils plaisantent, faute de quoi ils se battent. Ce n'est pas rire qui est le propre de l'homme : c'est raconter des conneries.

Je sens comme un malaise...

Je regarde autour de moi. Les enfants...

Ils nous dévisagent sans rien dire. Leur silence nous fait taire. Je les observe. Ils sont en haillons. Une petite fille blonde, âgée de six ou sept ans, s'assoit sur l'herbe, devant moi ; elle ne porte qu'une robe légère de coton rose, un collant de laine troué et des savates aux pieds. Un garçon d'une dizaine d'années, peut-être son frère, s'installe près d'elle : il a les cheveux en brosse et les yeux du même bleu que les glaciers ; il est en culottes courtes et en tricot décousu. Ils ont froid. Ils fixent notre nourriture... Les autres ont la même apparence et la même attitude : le corps maigre, de vieux habits sales et déchirés, de grands yeux avides. Mais ils ne parlent pas.

Je tends un sandwich à la fillette, un autre à son voisin : les petites mains saisissent, les bouches s'ouvrent, les quenottes se plantent. Les gosses se mettent à dévorer avec une ardeur goulue. Il ne s'agit pas de bonbons, de chocolats ou d'autres sucreries dont raffolent les enfants des cinq continents, mais de vraie nourriture. Je me fais la réflexion que ceux-ci mangent comme des morts de faim – et je réalise que c'est la simple réalité : ils sont affamés !

Un nutritionniste calculerait sûrement que les petits Russes du Kamtchatka n'ont pas, chaque jour, l'occasion d'avaler leur ration normale de croissance. J'ai observé la misère en maints endroits du monde : je ne la soupçonnais pas aussi dramatique dans ce qui fut l'Union soviétique, naguère « superpuissance ». Nous distribuons nos casse-croûte aux gamins de Lazo. Ces jeunes ont un comportement différent de celui de leurs homologues des grandes villes d'Asie, d'Afrique ou d'Amérique latine. A aucun moment, ils ne nous pressent, ne mendient ni ne supplient. Ils ne se départissent pas de leur dignité. Comme si, par leur attitude, la Russie voulait quand même donner l'exemple...

Grâce à la traduction de Galia Namjilova, j'en apprends davantage sur la vie quotidienne dans les villages du Kamtchatka. Plus encore que la capitale Petropavlovsk-Kamtchatski, ces communautés ont été oubliées par Moscou. Obligées de se débrouiller... Les fonctionnaires ne sont plus payés depuis belle lurette. L'institutrice, par exemple, n'a pas reçu son (misérable) salaire depuis six mois. Chacun survit comme il peut, mais tient son poste. La maîtresse d'école enseigne contre le charbon, le saucisson ou les betteraves que lui apportent les parents d'élèves. Le bûcheron livre son bois en échange de pommes de terre, le mécanicien s'arrange avec le boulanger, le maçon avec la couturière, le braconnier avec le pope... Le troc remplace en partie le commerce monétaire. Le post-communisme ressemble au stade économique que Marx qualifiait de « pré-capitaliste ». Après soixante-dix ans de collectivisation des moyens de production, le dépassement dialectique de la société bourgeoise finit en Moyen Age. L'Histoire exerce son droit d'ironie. Mais seuls les humains sont assez myopes pour l'imaginer sérieuse.

La fillette blonde me sourit. Elle a englouti son sandwich. Je lui tends des biscuits : elle les dévore, je lui donne le paquet. Elle se tapote la poitrine avec l'index et m'annonce son prénom : « Irina ». Ses yeux bleus brillent de bonheur. Ses cheveux dansent. Elle est superbe. Si fine, si délicate... Les yeux un peu bridés, nonobstant sa blondeur. Le corps maigre et la peau pâle...

Je note ces impressions sur mon calepin. Elle s'approche et détaille ce que j'écris : les caractères latins l'intriguent. Mon stylo à bille l'intéresse. Je le lui mets dans la main. Elle écrit « Irina » en lettres cyrilliques et me rend l'objet. Je referme ses doigts dessus. Elle comprend que je le lui donne. Elle rayonne. J'ai rarement autant fait plaisir à quelqu'un. Un stylo de supermarché à quelques dizaines de centimes... Je sais qu'il servira. Même pauvre, le peuple russe est cultivé : facteur essentiel pour trouver le chemin du développement. Un pays où les enfants – surtout les petites filles, ailleurs si souvent vouées à l'ignorance – savent lire et écrire, et pourraient entrer un jour à l'université, est assuré de décoller. Le vrai tiers (ou quart) monde est non seulement misérable, mais analphabète et prisonnier du piège de l'inculture.

Le cours de la mission reprend. Alain Tixier, Boris Chichlo, Thierry Naud et Odile Darmostoupe s'envolent en hélicoptère – cette fois, pour de bon, et pas seulement pour les caméras. Destination : le nord de la péninsule. Le pays des Koriaks, redevenus les nomades éleveurs de rennes qu'ils furent jadis. Et chez lesquels renaissent les rites chamaniques que des décennies de russification forcée et de socialisme « scientifique » avaient pu faire croire oubliés.

Nous disons au revoir aux enfants de Lazo et à leurs parents, venus observer, eux aussi, le bizarre déploiement d'une force d'intervention télévisuelle occidentale. En volant vers le camp du Kronotski, au-dessus du volcan Kizimène, de la taïga puis du lac Kronotski, je me dis que la richesse de ce bout du monde luit dans les yeux de ses enfants, tout autant que dans l'or et la pourpre des arbres et des buissons, l'outremer de l'eau, ou la blancheur de la neige sur les cimes.

Au camp, le soir, devant un feu allumé sur la berge, nous discutons du volcan Klioutchevskoï et de ses homologues. C'est à ce moment que Nathalie Galoub, la jeune femme qui aide à la cuisine, s'assoit près de nous. Evgueni Lobkov lui pose une question en russe. Elle répond. Galia Namjilova traduit... et je constate avec surprise que Nathalie parle des volcans.

Surprise ? Stupéfaction, même... Car elle en sait long ! Elle décrit la structure du Klioutchevskoï (un socle ancien jusqu'à 1 600 mètres d'altitude, un large cône jusqu'à 3 000, une récente coiffe pointue par-dessus). Elle détaille la composition chimique de ses roches ; la nature de ses émissions magmatiques (coulées de lave basaltique, bombes, cendres, ponces et poussières pyroclastiques) ; son âge (plus de sept mille ans) ; la chronologie de ses paroxysmes, dont l'explorateur Kracheninnikov, compagnon de Bering, donna la première description en 1737, et qui se produisent en moyenne tous les vingt-cinq ans depuis l'ère chrétienne – avec une accélération depuis 1930... Nathalie Galoub explique : passion de la science, beau visage et cheveux clairs. Elle introduit, chaque fois qu'elle peut, des mots français dans son discours.

Je suis sidéré. « Bluffé », comme on dit. Je demande à Galia comment cette femme de service peut en connaître autant sur les volcans.

L'explication vient par bribes. A la vérité, Nathalie Galoub n'incarne pas une aide de cuisine ordinaire. Elle est docteur en géophysique ; et même l'une des meilleures spécialistes des cratères du Kamtchatka... Elle habite la capitale de la province, où elle enseigne à l'université. Mais, comme tant de Russes, notamment parmi les fonctionnaires, faute de salaire décent, elle se voit contrainte d'exercer d'autres métiers. Quand elle a su qu'une équipe française de télévision venait tourner un film, elle s'est engagée. Simplement. Pour nourrir sa famille.

C'est peu de dire que je me sens mal à l'aise... Il

va de soi que, durant le reste de notre mission, nous utiliserons les compétences de Nathalie autrement que pour servir à table et laver la vaisselle. Nous saurons l'en remercier. Mais enfin !... Découvrir que celle qui passe les plats pourrait aussi donner un cours de tectonique n'est pas banal.

La Russie le permet. Ce pays est différent de tous les autres. On l'a dit. Je le vérifie.

Pouchkine et Tchaïkovski approuvent. Le vent du nord confirme.

16. MÉLÈZES ET KOKANIS

Matin de lumière. Froid vif.

Sur le lac Kronotski bleu-noir, se pose une troupe d'oies sauvages – il me semble, de l'espèce à front blanc. Des cygnes sauvages passent entre les roseaux d'une crique. Plus loin, nagent des mergules, cousines en réduction des guillemots. Volent les goélands de Bering et leurs cousins du Kamtchatka, parfaits quand ils font du surplace dans le vent. Plane un jeune aigle de Steller (le même que l'autre fois ?).

Je quitte le camp pour une balade au hasard. La corneille à gros bec m'accompagne à deux arbres de distance. Je gravis la pente inférieure du mont Kronotski parmi les bouleaux, les mélèzes et les pins nains. Je traverse une clairière rouge et or, hérissée d'airelles bleues, de raisins d'ours vermillon et de camarines noires, dont la perspective ascendante finit au volcan comme l'échelle de Jacob au Paradis. Un Bon Dieu de gravure naïve me regarde, là-haut, dans un triangle de photons : le Père éternel n'a jamais été qu'une image. Je me délecte de baies sucrées au jus violet : impossible de résister à la tentation des airelles. Je secoue des capsules d'iris comme des goupillons pour en disperser les graines couleur corail. Illusion de bénir la terre. Je suis un mécréant, mais en traçant mes signes de croix dans le sens orthodoxe, je deviens pope !

Bonheur au Kamtchatka...

Il a neigé sur les sommets durant la nuit. Le volcan porte une écharpe blanche que le soleil bleuit à contre-jour. Je suis entré dans le territoire des ours. Je trouve une énorme crotte brun-roux, visiblement récente, farcie de fragments de fruits mal digérés. Madame ou monsieur Plantigrade sont dans le coin. Ne pas exciter leur curiosité. Respecter leur royaume... Je prie l'animal, s'il est embusqué dans les pins, de bien vouloir mettre ce viol de frontière sur le compte de la licence poétique. Je me demande si l'ours aime le poète. Et, si oui, dans quelle acception du verbe « aimer »...

Je m'assois au pied d'un mélèze. Il appartient à une espèce sibérienne proche de celle d'Europe. Modeste beauté... Tronc ridé gris-brun. Port en cône (normal, au pays des volcans). Les aiguilles, insérées en houppettes, sont souples, douces, légères, vert tendre en été, désormais jaunes, rehaussées d'ocre, de roux et de beige. On les dirait immatérielles. J'y frotte ma joue. J'en caresse un rameau avec ma paume. La sensation ressemble (pensé-je) à celle qu'on éprouverait en flattant le derrière d'une ourse. Un parfum de résine envahit ma narine. Je cueille, sur une branche, une larme de sève ambrée, que je déguste du bout des lèvres. Saveur âcre et sucrée à la fois. Le meilleur moyen pour lier connaissance avec un être – végétal, animal ou humain – reste de le goûter. L'ogre ne dit rien d'autre.

Je détache un cône mûr. J'observe ce fruit brun doré, lavé de rose et de grenat, avec des écailles obovales striées, frangées de barbules. Frère mélèze ! Dersou Ouzala le reniflait aussi dans la montagne.

Un frémissement dans les fourrés... L'ours ? S'il me localise et s'énerve, je n'ai aucune chance. J'entame un repli stratégique vers une position préparée à l'avance ; c'est-à-dire que je descends vers le camp à toute vitesse, en évitant de faire du bruit. J'y réussis fort bien, puisque je mets le pied sur ce que je crois être une branche solide – laquelle se brise avec un craquement qui résonne à un kilomètre. Puis je dérape sur un talus de lave : un caillou me laboure la fesse, je pousse un cri. Après quoi, je me coince dans un fouillis de pins nains : j'ahane en pestant pour m'en extraire. Si l'ours n'a rien entendu, c'est qu'il est sourd. Ou indulgent.

A moins qu'il ne me méprise, ce qui serait un affront pour l'ensemble du genre humain.

Je regagne ma cabane. Je me prépare pour la journée, mais l'équipe de cinéma tarde. Je vais boire un café et picorer des œufs de saumon au réfectoire. Evgueni Lobkov s'y trouve. Nous parlons. De quoi ? Du Kamtchatka, ça va de soi... Il aime la province et sa capitale, Petropavlovsk-Kamtchatski, où il habite et enseigne. Il adore la réserve naturelle Kronotski : il y vient étudier le comportement de l'aigle de Steller et des autres espèces de la péninsule. Il me décrit son travail. Notre dialogue en anglais – vocabulaire de base et accent russe contre accent français – serait désopilant pour un anglophone. Nous réussissons à échanger des idées.

Il m'explique le lac Kronotski, son immensité, sa profondeur et ses dix mille ans d'âge. Il souligne que ce haut lieu géologique et biologique a failli payer un tribut mortel au « développement ». Les baraques où nous logeons constituent ce qui reste d'un camp avancé du socialisme réel. La réserve de chasse du Kronotski date de 1934. Elle remplace une zone de protection de la zibeline instituée par les Itelmènes à la fin du XIXe siècle. Mais, en 1960, sous Nikita Khrouchtchev, le Kremlin décida de bâtir ici un complexe hydroélectrique capable de transformer en électricité – le communisme moins les soviets – la fureur de la rivière Kronotski et la masse du lac homonyme. Des pionniers (pas tous volontaires !) s'installèrent, édifièrent les isbas et entamèrent leur mission civilisatrice : massacrer les ours et les loups, décimer les rennes sauvages, piéger les renards et les autres animaux à fourrure, tout en ouvrant des routes et en lançant les travaux du barrage. La contrée échappa au désastre écologique lorsqu'on se rendit compte qu'elle était trop loin d'une métropole (ou d'une base navale stratégique) pour que son électricité soit rentable. On laissa tout en plan. Outre trois cabanes en bon état et quelques ruines, il subsiste de cette entreprise une piste de terre qui commence ici et ne finit nulle part, et que la repousse des arbres gomme chaque année davantage.

C'est alors qu'on institua la réserve intégrale actuelle, où il est non seulement interdit de chasser et de pêcher, mais de déranger les animaux et de dormir hors de quelques camps fixes. Les baraques de rondins et de planches intactes sont occupées par les scientifiques et leurs invités. La flore et la faune composent une merveille. La réserve de biosphère (M.A.B. : *« Man and Biosphere »*) du Kronotski s'étend sur environ 1 million d'hectares (exactement : 9 640 kilomètres carrés, 1 000 de plus que la totalité de la Corse). Elle met à l'abri des convoitises l'essentiel des trésors géologiques, botaniques et zoologiques du Kamtchatka. Elle a, en outre, été classée « patrimoine mondial de l'humanité » par l'U.N.E.S.C.O.

Le cuistot revient de pêcher en barque, sur le lac. Il en a l'autorisation. Il rapporte, dans un panier, une vingtaine de poissons, qu'il éviscère, nettoie et fait égoutter suspendus à un fil de fer.

« Des kokanis ! s'exclame Evgueni Lobkov. Les fameux kokanis...

— *Kokani, da !* répète le cuistot en souriant.

— Des animaux incroyables ! » ajoute Evgueni.

L'histoire de ces poissons est digne d'être contée. J'en examine un. A peine 25 centimètres de longueur. Des écailles d'argent irisées, marbrées de grenat et de jade, rehaussées de stries et d'ocelles roses. Silhouette en fine torpille, dents aiguës, queue à peine encochée, avec cette grande première dorsale en trapèze et cette petite seconde dorsale adipeuse en virgule qui caractérisent les salmoniformes. Il s'agit, en effet, d'un saumon. Mais d'un saumon nain, résultat d'une évolution singulière. Voici l'un des rares animaux qui permettent aux scientifiques d'observer un processus darwinien en acte.

Lorsque le lac Kronotski n'existait pas encore, les grands saumons de l'océan Pacifique remontaient la rivière pour aller frayer dans leurs ruisseaux de naissance. Des saumons rouges, longs de 60 à 70 centimètres et pesant 3 à 4 kilogrammes – de ceux qu'on appelle scientifiquement *Oncorhynchus nerka*. Les *nerkas* ou *krasnaïas* des Russes, les *red salmons* ou *sockeyes* des Américains, les *beni-masu* des Japonais. (Il existe sept espèces de saumons dans le Pacifique Nord. Ils forment le genre *Oncorhynchus*. Outre le saumon rouge, on range dans ce groupe le saumon rose, ou *gorbuscha* ; le *chum*, ou *keta* ; l'argenté, ou *kisutch*, ou *coho* ; le *sima* ; l'*amago* ; enfin, le royal, ou *chinook*, ou *tchavitcha*. La nature aime jouer les petites différences.) Quand les coulées de lave édifièrent le barrage derrière lequel le lac Kronotski éleva son niveau, les saumons rouges qui avaient migré vers leurs aires de frai furent coincés : impossible de redescendre à la mer. Et ceux qui tentèrent de remonter les années suivantes furent bloqués dans leur ascension par de trop hautes cascades.

La population du lac se retrouva isolée. Il lui fallut inventer une migration plus courte, et survivre à des conditions d'alimentation proches de la disette. Rien, ou presque, à se mettre sous la dent, comparé à la profusion de larves, de crustacés, de mollusques et d'alevins de l'océan... La seule alternative, pour ces otages de la géologie, fut le nanisme ou la mort. Ils optèrent pour la réduction de format. En dix mille ans, ils « rétrécirent ». Ils divisèrent leur longueur par trois et leur poids par neuf. Ils devinrent les lilliputiens du genre. Ils forment, à présent, une nouvelle espèce ; pour l'ichtyologiste, *Oncorhynchus kokani*. Ils atteignent leur taille adulte dans le lac Kronotski, où l'on en compte peut-être (dit Evgueni) trente millions d'exemplaires. Ils remontent les ruisseaux supérieurs pour aller déposer leurs œufs et répandre leur laitance. Ils répètent, en quelque sorte, le processus évolutif qui vit naître les truites (confinées aux eaux douces) à partir des saumons (tantôt marins, tantôt fluviaux).

Un cas d'école !... Non seulement les kokanis illustrent la réalité de l'évolution, mais au-delà du darwinisme, ils fournissent la preuve que la transformation des espèces, au rebours de ce qu'on a pu croire, n'a rien de progressif. Elle ne s'effectue pas par degrés, par une accumulation de changements minuscules. Elle est brutale. Rapide. Elle a pour cause un bouleversement du milieu. Une catastrophe géologique, climatique ou écologique... Ces petits poissons donnent raison à Stephen J. Gould, pour lequel toute apparition d'une espèce inédite s'appuie, certes, sur des mutations aléatoires de l'A.D.N., mais dépend de l'isolement d'un groupe homogène, soumis à des contraintes drastiques et totalement coupé de son fonds génétique originel.

Je remercie les kokanis pour cette leçon de biologie. Le cuistot vient récupérer sa pêche pour la cuire au court-bouillon, avec des pommes de terre, du céleri-branche, des raves, des cornichons et je ne sais quoi encore. Sa recette est succulente.

Je rougis d'avouer que les poissons du lac Kronotski, ces modèles d'évolution, ces auxiliaires de la science, ont une chair délicieuse. Je me justifie – hypocrite jouisseur ! – en notant que, lors de son voyage de 1835 aux îles Galapagos, sur le *Beagle* du capitaine FitzRoy, Charles Darwin mangea de la tortue éléphantine. A l'époque, les marins de tous les bateaux en consommaient... J'ai le privilège de vivre une épopée naturaliste à l'ancienne. Je dévore les êtres sur lesquels je réfléchis. Ce n'est pas le moindre de mes plaisirs au Kamtchatka.

Ce midi, je dépiaute un kokani.

J'en savoure les filets blanc nacré à la mémoire de Charles ; lequel sourit dans sa barbe, à travers les nuages du temps.

La corneille à gros bec croasse un haïku.

17. ACROBATIES SUR LA RIVIÈRE

Drôle de position pour un philosophe !

Pendu comme une araignée à un fil au-dessus de la rivière Kronotski, je relativise la grandeur humaine. Je mets en doute la suprématie d'*Homo sapiens* sur les autres espèces. Sa capacité à réfléchir, à créer et à détruire, en un mot à écrire l'Histoire. Je m'interroge aussi sur son sens de l'humour.

Je fais confiance à la corde, mais je serre les fesses.

Sous moi, le flot se précipite dans la pente avec une force et une vitesse terrifiantes. Les tourbillons fusent, frottent, claquent, hennissent ou rugissent avant d'exploser sur les rochers, puis de repartir en sifflant, chuintant, miaulant vers des chenaux plus profonds où le fluide acquiert des transparences de jade et d'émeraude ; avant de se tordre et de blanchir derechef dans des rapides... L'écume m'asperge comme des bulles de champagne, de la bave de taureau dans l'arène ou le sperme d'Ouranos dans la vulve de Gaïa... Je me demande ce que je fais sens dessus dessous. Je contemple, à l'envers, le cône énorme du volcan Kronotski, près duquel la Lune en plein jour ressemble à une chouette.

Cette aventure a commencé vers midi.

Une demi-surprise. Georges Bosio m'a glissé, sur le ton du complot :

« Salut, Yves !... En principe, tout à l'heure, tu plonges dans la rivière et tu te noies... Elle est si rapide et si froide que tu n'as aucune chance ! »

J'ai pris ces phrases pour du Bosio dans le texte, c'est-à-dire une prédiction artistiquement assombrie. Puis Nicolas Hulot m'a parlé d'une traversée à effectuer « les doigts dans le nez », ce qui, pour évoquer la même action, dénotait un état d'esprit différent. Yannick Fleuriault m'a suggéré de bien arrimer mon émetteur H.F. « afin qu'il ne tombe pas à l'eau, ce que je ne te souhaite pas non plus ». Selon le cadreur Patrice Aubertel, de toute façon, je devrais être parfait au-dessus du vide ; au moins à l'image.

« Sur fond de volcan, a-t-il ajouté, tu peux me croire : ça va en jeter ! »

Je n'ai pas eu le loisir d'avoir peur. Les événements se sont enchaînés. J'ai vu revenir au camp le Dr Michel Cadot en tenue d'alpiniste, ce qui m'a aidé à comprendre. Le toubib m'a adressé un coup d'œil et promis :

« J'ai tout équipé. Aucun problème pour aller de l'autre côté... »

Je me suis dit : « Cause toujours ! » Mais j'ai vu

le piège se refermer. Sur l'agenda de tournage de Gil Kébaïli, il était question d'une « tyrolienne sur la rivière ». Je me demandais si je serais de la fête. J'en suis.

Nous sommes partis à pied, sur l'ancienne piste de terre que la végétation dévore et qui ne mène à rien. En tête de la troupe, Sacha Massalov : il est censé nous protéger contre les ours avec son fusil – son tromblon à un coup. Ses lunettes aux verres énormes et à triple foyer (ses hublots) nous amusent : comment verrait-il surgir le plantigrade inamical ? L'un de nous (je crois que c'est le cadreur Christophe Kenck, *alias* « Bruce ») l'a surnommé « Hubble », rapport à l'état dans lequel se trouvait le télescope spatial après son lancement : un objet de risée. Plus myope que lui, tu meurs !

Nous avons cheminé parmi les pins nains, les bouleaux et les saules, et relevé des traces d'ours : empreintes de pieds, touffes de poils et méga-crottes. Nous sommes descendus à travers les buissons, les herbes et les roseaux, jusqu'à un autre vestige de l'ère hydroélectrique et khrouchtchévienne : trois cabanes en ruine, dévorées par la végétation, restituées à l'écosystème.

L'endroit est admirable. Au sortir d'un grand méandre, la rivière Kronotski fonce vers l'aval dans une enfilade de rapides et de chutes tonitruantes. Elle emprunte un défilé qui ressemble aux portes de l'Enfer. De chaque côté du lit tombent deux falaises de basalte gris-brun. Du courant émerge un piton semblable à une canine de fauve, que couronne un bouquet de pins nains. L'eau s'engouffre en hurlant de chaque côté du roc. Le chenal de droite est étroit, tumultueux, bouillonnant – une sorte de maelström couleur de spectre. Celui de gauche, où passe la majeure partie du flot, écume en puissance et se rehausse de filets et de torsades où se déclinent toutes les nuances du vert – du lait à la menthe au noir-émeraude, en passant par le vert-de-gris, la laitue, la pomme, la bouteille et le véronèse.

La corde de la tyrolienne est installée entre les deux falaises. Elle passe par le pilier intermédiaire, que je baptise le « Croc de l'Ours » (ça va de soi) et dont j'estime la hauteur à 15 mètres. Michel Cadot est allé ancrer son filin sur la rive droite en franchissant le cours d'eau sur une ancienne passerelle dont il ne subsiste que deux câbles d'acier. Un funambule ! Ce que Nicolas Hulot et moi allons faire n'est que la répétition sécurisée de sa performance.

Je me prépare sans jouer les héros. Nicolas a passé son baudrier. Il s'accroche par un mousqueton à la poulie qui coulisse sur la corde principale, et se lance. Il se hale vers l'autre rive, aidé par une corde secondaire de traction et d'assurance que manie Michel Cadot. Il s'arrête à la verticale du mitan du flot, sourit et nous fait un signe de la main. Il repart en tirant sur les bras, prend pied sur le piton, puis traverse le second bras de rivière. Le voilà rendu. Un geste, un crachotement dans un talkie-walkie :

« A toi, Yves ! »

A moi, donc... Baudrier enfilé, je m'accroche à la poulie (sois solide, ô mousqueton !), je bascule en arrière, je m'allonge et je commence à progresser, main après main, sur la corde principale. Pas de problème :

ça roule et ça avance ; surtout avec l'aide de Michel à la corde auxiliaire... Me voici au-dessus de l'eau. Eclaboussures. Picotis d'écume sur le visage. Le flot bruisse avec une incroyable énergie. J'ai déjà entendu ce chuintement quasi surnaturel. Où ça ?... Ah ! oui... Les vagues des « quarantièmes rugissants » sur la coque de la *Calypso*, au large de la Nouvelle-Zélande...

Je suis ahuri, écrasé, anéanti par la grandeur que je contemple. Je me sens insignifiante araignée. Je regarde, à l'envers, le cône impeccable du mont Kronotski. La Lune perche sur son épaule. Et (je le jure !) elle cligne de l'œil comme la chouette ! C'est l'instant que Li Po choisit pour murmurer ces vers :

« Je bois seul, sans un ami.
Levant ma coupe, je convie la Lune ;
Mon ombre est devant moi, nous voilà trois :
La Lune, hélas ! ne sait pas boire ! »

Je me demande si c'est le moment d'écouter la chanson triste d'un poète T'ang amoureux du vin. Je repars en me halant et en montant vers le « Croc de l'Ours ». Au moment où je touche le pilastre de lave, je m'emmêle dans les branches de pins nains qui le coiffent. Depuis la rive, Michel Cadot tire de toutes ses forces sur la corde annexe. Il imagine que je fatigue et croit m'aider. Il ne fait que me plaquer contre la paroi. Un rameau perfide s'insinue dans la rainure de la poulie et l'empêche de tourner. Je suis bloqué. Coincé... Je hurle de donner du mou. Le fracas de la rivière interdit au toubib de m'entendre. Je crains de rester accroché, non plus dans la position de l'araignée, mais de la mouche sur la toile... Je me calme. Je respire à fond. J'extrais de l'encoche le rameau parasite : la roulette se dégage. La corde secondaire fait encore un nœud que je démêle (je l'avoue) en jurant : mes imprécations se perdent dans le vacarme de l'eau. Me voilà libre. Un effort des biceps, un coup de reins, et je me rétablis sur la dent de pierre. En sueur. Le cœur battant.

L'œil émerveillé...

Je n'ai pas le vertige, mais la scène me soûle. Debout sur le « Croc de l'Ours », j'écarte les bras comme pour une invocation. Je contemple à la fois la rivière, la forêt, le volcan et la Lune. Le roc vibre sous les coups que l'eau assène à sa base. J'ai l'impression d'ouïr une épopée, une musique sublime, quelque chose de formidable, quoique mélancolique et doux, né des bruits essentiels de la terre, du fleuve et de l'atmosphère. La *Symphonie fantastique* de Berlioz ou la *Neuvième* de Mahler... Le canyon de la rivière Kronotski me semble un creux primordial. Une faille créatrice. Une ride féconde. Un sexe féminin, un vagin, une matrice où je pourrais grandir avant de naître – ou de renaître –, ayant tout à apprendre – ou à réapprendre... Heureux, enfin ! Je ferme les yeux. Je me laisse aller en arrière pour franchir le second bras liquide. Je me balance, non pas sur une corde d'alpiniste, mais dans un fluide amniotique, dans les entrailles de ma mère la Terre. Une rivière coule dans cette fente fertile, et c'est l'eau de la vie !

Je déguste ce moment de grâce.

Lorsque j'arrive de l'autre côté, Nicolas Hulot me tape sur l'épaule en souriant. Je reprends pied dans l'herbe du réel. Au-dessus de nous, sur un saule, la corneille à gros bec a tout vu.

Reste à revenir au point de départ. Il n'y a qu'un chemin, mais puisque je l'ai couru une fois...

... j'y retourne sans appréhension. Nicolas Hulot s'élance sous la corde et passe. Je l'imite : le « Croc de l'Ours » à négocier (gare aux branches qui coincent), le chenal principal, la rive gauche... Je reprends pied sur une souche. Patrice Aubertel quitte l'œilleton de sa caméra pour me féliciter de mon « exploit ». Il se moque gentiment : c'est un vrai montagnard, comme Michel Cadot ; un alpiniste éprouvé. Tandis que moi, même si j'ai escaladé plus d'une cime, je suis devenu le « Vieux ». Admettons.

En dehors de la délicieuse euphorie qu'elle procure, cette tyrolienne au-dessus de la rivière ne sert à rien – sauf à ajouter au film une « séquence émotion ». Selon le scénario imaginé par Gil Kébaïli, nous sommes supposés, Nicolas et moi, partir du camp Kronotski à la recherche des ours. Pour gagner l'estuaire, nous franchissons le fleuve sur ce pont de fortune.

Va pour enjoliver l'histoire, puisqu'elle se passe au Kamtchatka ! Je ravitaille mon plaisir en aidant l'accouchement d'une œuvre.

Mais, quand c'est pour le cinéma, on connaît la chanson... Le réalisateur l'entonne :

« Les gars, ça ne va pas du tout !... Le son était mauvais, Patrice pas dans l'axe et, là-haut, pour les plans larges, la caméra de Christophe est tombée en panne. On la refait ! Tout le monde en place... »

Bis repetita. Nicolas Hulot s'envole au-dessus de

l'eau et gagne la rive droite. Je le suis. Je déguste cette nouvelle traversée. Je prends goût au véhicule. Je m'arrête au milieu du flot pour m'imprégner de l'ambiance. Lorsque j'en termine, la corneille à gros bec s'esclaffe sur son perchoir.

Nous revenons. Nicolas dit un texte, pendu à la verticale des remous. A la fin de ce deuxième aller et retour, Gil Kébaïli nous congratule.

Bien entendu, ses louanges cachent quelque chose : « Les gars ! On la refait... Juste pour être sûr de l'avoir... »

C'est reparti... J'avoue, *ter repetita*, que je fatigue pour de bon. Il faut tirer sur les bras pour se hisser jusqu'à la cime du « Croc de l'Ours » : et mes biceps ont oublié la vigueur de leurs vingt ans. Je me souviens du mot d'Auguste Piccard, le double conquérant de la stratosphère et des abysses : « L'exploration est le sport du savant. » Je souscris à la formule. Le sport endolorit les muscles et stimule les neurones.

Le plus drôle sera, quelques mois plus tard, la réaction des téléspectateurs après que le film sera passé sur T.F. 1. Ils me parleront beaucoup de cette séquence en me félicitant d'avoir eu le courage de la faire. Ils me demanderont s'il y avait un truc.

Aucun truc !

Je verrai leurs yeux s'arrondir lorsque je leur glisserai, avec le sourire vaniteux de ceux qui ont triomphé sans gloire, que cette tyrolienne sur la rivière Kronotski, je ne l'ai pas accomplie une fois.

Mais six !

18. LE DELTA DES OURS QUI PÊCHENT

Matin de brume. Fumée grise sur le lac. Coton blanc sur le volcan. L'aigle de Steller vole vers la mer. Nous le suivons en hélicoptère.

Hier (non par nécessité, mais par ce vice impuni : l'aventure), nous avons traversé la rivière Kronotski accrochés à une corde. Aujourd'hui, nous allons saluer les ours. Chaque année, à la même époque, ils se concentrent dans le delta du fleuve que les saumons remontent. Pour les plantigrades, c'est la saison de la pêche. Le temps des banquets, des festins, des bombances, des ripailles, de la grande bouffe. De l'engraissage obsessionnel (le biologiste dit « hyperphagie »), en prévision du jeûne hivernal.

L'aigle de Steller plane devant nous, porté par la brise de terre. Ce rapace fait partie du groupe des pygargues. Des aigles pêcheurs... C'est le cousin asiatique de l'aigle à tête blanche d'Amérique du Nord – parfois qualifié de « chauve » et dont les Etats-Unis ont fait leur emblème. (Il y eut un vote ; certains lui préféraient la dinde.)

« L'aigle de Steller, précise Evgueni Lobkov, habite l'est de la Sibérie, le Kamtchatka, l'île de Sakhaline et le nord d'Hokkaïdo, au Japon. Son aire de répartition est calquée sur celle du saumon : si ce poisson ne forme pas la totalité de son régime, il en constitue la base. »

L'oiseau que nous observons en hélicoptère est adulte. Malgré le bruit des rotors, et peut-être parce que notre engin l'intrigue, il ne semble pas trop effrayé. Je le détaille aux jumelles, par un hublot. Son bec crochu jaune – rostre monumental ! – lui donne un air de totem. Il a la tête et le cou brun-noir, au contraire de l'espèce américaine, qui les a blancs ; la queue de neige comme l'autre ; en outre, des plumes immaculées aux cuisses et aux épaules. 1,20 mètre de longueur et 2,50 mètres d'envergure : un prince, parmi les rapaces !

Nous descendons la rivière Kronotski. Gorges de vertige, cascades et rapides, auxquels succèdent des segments de vallée adoucis où la taïga déploie ses fastes vert, or et rouge. Nous survolons le défilé que nous avons franchi, hier, en tyrolienne. L'eau semble folle : elle écume comme un sperme en train de féconder la terre femelle ; ou (au choix) un lait qui nourrirait l'enfant monde.

Au bas de la pente, après la forêt, s'étend la vaste plaine côtière où le fleuve hésite entre ses propres alluvions. Les bras se partagent en chenaux indécis qui sinuent, méandrent, se retrouvent et se divisent derechef, avant de se jeter dans le liman – l'une de ces lagunes d'Extrême-Orient où l'eau des montagnes s'accumule avant d'épouser l'océan. Quelques passes, dans le cordon littoral, permettent l'union des fluides – dans un sens ou l'autre, selon la marée.

Aiwar Bebrich atterrit sur une aire dégagée, près d'une cabane de la réserve. Nous sautons à terre. Je regarde vers l'ouest, et – une fois de plus – je reste baba, scotché par la magnificence du paysage. La plaine entière est rouge, d'un lumineux écarlate rehaussé d'or et de brun ; tapissée de buissons d'airelles, de camarines et de raisins d'ours en habit d'automne, auxquels se mêlent des saules nains hauts comme le pouce... Le bras de rivière au bord duquel nous sommes dessine un S bordé de bouleaux et de grands saules. L'eau gargouille, bleu sombre et vert bouteille, moirée de nuances métalliques – mercure, argent et cuivre. A l'arrière-plan, se dresse le volcan Kronotski. Hyperbolique. Hiératique. Cramoisi dans sa partie inférieure, puis – étage sur étage – brun, vert, jaune, beige, gris et blanc... J'épie mes compagnons. Comme moi, ils « badent ». Nicolas Hulot et Yannick Fleuriault arborent un sourire d'enfants gâtés. Evgueni Lobkov hoche la tête. Patrice Aubertel et Christophe Kenck lèvent le pouce. Même Georges Bosio s'enthousiasme au point de déclarer, en prenant photo sur photo, que « oui, par ici, c'est assez joli ».

Comment la nature organise-t-elle l'harmonie d'un tel paysage ? Si je croyais au Dieu créateur, la réponse serait aisée : Il l'a voulu ainsi, Ses desseins sont impénétrables. Mais, comme philosophe, j'ai choisi le chemin escarpé du matérialisme (que je ne veux ni didactique, ni dialectique, mais ironique et poétique). Existe-t-il une beauté en soi, une catégorie pure de l'esthétique, un sens inné de l'art qui pourraient (par exemple) émouvoir un extra-terrestre autant qu'un être humain ? Ou bien la structure de mon esprit, due au fait que je résulte d'une longue évolution d'atomes, de molécules, de cellules et d'organismes, reconnaît-elle comme favorables (amicaux, agréables, bénéfiques) certains équilibres, correspondances ou géométries, qu'ensuite elle juge « beaux » ?

J'entamerais volontiers un débat là-dessus, mais Sacha Massalov (preuve que ses lunettes « Hubble » sont efficaces !) s'exclame à voix retenue : *« Medved ! »*

Medved : je connais ce mot russe. Il signifie « ours ! »

L'ours est là, en effet, à une cinquantaine de mètres. Non pas lui, mais elle. Une femelle... près de laquelle se matérialisent deux oursons. La mère prend le vent en levant le museau (posture typique), tord les lèvres, fait palpiter ses narines, bref interroge la chimie de son environnement. Les ours possèdent un odorat d'une finesse sans égale. Un proverbe sibérien (les Indiens d'Amérique du Nord ont le même) affirme que, lorsqu'une feuille tombe dans la forêt, l'aigle la voit, le loup l'entend et l'ours la sent.

L'ourse est belle, avec sa fourrure brun clair, quasi cannelle, ornée de flammes cuivrées sur les fesses. Son pelage, jurerait-on, est aussi doux qu'un « doudou » dans les mains d'un enfant qui sommeille. Elle nous a détectés, bien sûr. Nous l'intriguons. Elle balance la tête. Elle appelle ses petits, tout ronds et attendrissants – l'un blond, l'autre châtaigne. Le trio traverse une haie de saules et dévale la berge.

Il va falloir marcher dans l'eau. Nous enfilons des cuissardes. Nous avons l'air d'échassiers bancals aux pattes de caoutchouc, dont les hérons cendrés se gaussent : l'un d'eux claque du bec et décolle. A notre tour, nous descendons le talus. Nous traversons le chenal. Une de mes cuissardes est trouée au genou ; dès que l'eau dépasse ce niveau, je prends un bain de pied. Gauche. Un peton mouillé, l'autre sec : si le génie naît de la dissymétrie, je me prépare des succès. Le héron hoche la tête, consterné.

Nous pénétrons dans le fouillis végétal : saules et bouleaux ; roseaux, joncs et laîches (ou carex). Nous cherchons l'ourse et ses bébés. Sacha Massalov marche en tête. Il porte à l'épaule son fusil à un coup. Nous comprenons pourquoi il nous a affirmé ne jamais avoir à s'en servir : il est chez lui, dans ce labyrinthe. Son corps trapu constitue une adaptation à la forêt riveraine (la « ripisylve », dit l'écologiste). Non seulement il connaît le terrain, mais il en épouse chaque accident. Il avance avec grâce entre les buissons et les arbres morts, les trous fangeux, les rochers et les bancs de sable. Il a été conformé pour ce biotope. Normal qu'il ne voie pas bien : les ours aussi sont myopes. Dans un milieu fermé, nul besoin d'avoir le regard qui porte loin. Mieux vaut ouïr et humer.

Dans ce registre, Sacha est passé maître. Il pressent le comportement des animaux. Il devine ce qu'ils vont faire. Il utilise des indices que lui seul perçoit. Il nous conduit droit à la femelle et à ses jeunes ; du bon côté du vent ; et sans qu'elle s'inquiète... Bien sûr, elle nous localise, mais elle semble nous juger pacifiques. Notre guide anticipe chacun de ses gestes. Il nous fait reculer avant qu'elle ne marche sur nous, et avancer avant qu'elle ne s'éloigne. Il connaît les plantigrades comme s'il était des leurs. Je n'en suis pas autrement surpris : nombre de cultures, y compris chez les indigènes du Kamtchatka, font de l'ours un homme, un *monsu* – un « monsieur » – comme on dit dans les Pyrénées, proche des forces de la nature, familier des esprits, mais pas foncièrement différent de notre espèce. Peut-être faut-il voir là un souvenir déformé, une réminiscence de l'époque des cavernes, du temps où nos ancêtres disputaient leurs antres – et le rôle de premiers prédateurs – aux fauves de la préhistoire.

Une autre hypothèse serait qu'on a greffé à Sacha un gène de plantigrade, et qu'il incarne un hybride d'*Ursus* et d'*Homo*.

L'ourse s'évanouit entre les arbres. Notre guide nous entraîne à travers un bras d'eau profond. (Pour moi : bain de pied à sénestre et « flic-floc » consécutif ; il en ira ainsi toute la journée.) La femelle se montre à nouveau, à moins de quinze mètres. Elle laisse ses petits dans l'herbe, descend dans le courant et commence à pêcher. Les oursons chahutent, se bousculent, se chevauchent, se mordillent, se donnent des baffes. Moitié caresses, moitié bagarres... Ils luttent épaule contre épaule ou fesses contre fesses. Ils escaladent le talus et le dévalent en roulé-boulé. Ils s'amusent et se défient. Bref, ils attrapent leur existence comme elle vient.

La mère, de l'eau jusqu'au ventre, plonge la tête dans la rivière et la ressort, un saumon entre les dents. Elle s'assoit dans le courant, coince le poisson dans ses « mains », mord la peau près de la queue et pèle sa proie encore frétillante jusqu'aux ouïes, en tirant d'un coup sec. Elle arrache le tégument doublé d'une épaisse couche de graisse. Elle avale la bouchée goûteuse et onctueuse avec un soupir – comme si elle se forçait. C'est le cas : elle se goinfre.

En automne, les ours profitent de la migration des saumons pour se gaver. Ils ont besoin de faire leur lard – beaucoup de lard – pour passer l'hiver à l'état de vie ralentie. (Même si, au contraire de ce qu'on croyait naguère, ils ne tombent pas dans une léthargie de plusieurs mois : ils se réveillent, sortent de leur tanière pour uriner, etc.) Leur hyperphagie sidère le témoin. Ils dévorent toute la journée, et les mets les plus riches. La peau de poisson, avec ses réserves de lipides, constitue l'un des plats les plus énergétiques que la nature puisse offrir. A moins que la migration ne soit pas bonne (certaines années, le saumon se fait rare et la disette menace), les ours négligent les muscles et les viscères. Ils délaissent la majeure partie de leurs proies. Par milliers, les cadavres de poissons dépiautés constellent la berge. Les talus et les bancs de sable ressemblent à un étalage rose, puis violet, brun et noir, d'entrailles et de muscles. La décomposition fait son œuvre. L'odeur devient écœurante, entêtante, obsédante ! En pleine nature, on croit arpenter une poissonnerie sans hygiène...

On pourrait parler de « gaspillage ». Bien sûr, ce n'est pas le cas : les convives accourent, pillards patentés, profiteurs, pique-assiette d'occasion ou commensaux habituels. A quelques mètres de nous, un renard roux s'extrait d'un fourré, dresse l'oreille, avance dans l'herbe, renifle un saumon éventré et s'en empare. Les oiseaux font bombance. Des volées bruyantes de sternes, de mouettes, de labbes (ou skuas, ou stercoraires), de goélands (du Kamtchatka, de Bering, argentés), de corneilles et de grands corbeaux convergent vers la rivière, se pressent sur les bancs de sable et se régalent des restes du banquet plantigrade. Les aigles de Steller tournent et se posent : ils n'ont même plus besoin de pêcher du bout des serres ; il leur suffit de becqueter les poissons abandonnés par les grands mammifères.

Devant nous, l'ourse plonge à nouveau la tête dans le flot et en tire une proie. Même manège. Elle pèle le saumon, déglutit la peau gluante et rejette le corps. La carcasse martyrisée s'arque une dernière fois (spasme pathétique), puis part à la dérive dans le courant. Un goéland en fait son affaire.

Sur la rive, les deux oursons chahutent leur insouciance de septembre. Ils goûtent parfois la chair du saumon, mais sans insister. Ils doivent être sevrés, mais me paraissent très jeunes. Nés tard, à la fin de la période d'hibernation de leur génitrice... Les ours voient le jour en hiver, tandis que leur mère dort. Minuscules, quasi embryonnaires, ils pèsent 300 grammes à l'accouchement : grands prématurés ! Ces 300 grammes constituent le millième de la masse de l'adulte. Pour une mère humaine de 50 kilogrammes, cela donnerait un bébé de 50 grammes : impossible à faire vivre...

Je me demande si ces deux-là sont assez costauds pour résister à l'hiver. J'interroge Evgueni Lobkov, qui transmet la question à Sacha Massalov. La réponse fuse : « Je crains que non... » Ces oursons ont peu de chances d'avoir emmagasiné assez de graisse pour endurer six mois de jeûne. Condamnés d'avance ? Je me refuse à épiloguer sur la dureté de la loi de la nature : *sed lex !*

L'un des petits (le blond ; mâle ou femelle ?) dérape sur l'herbe mouillée et tombe à l'eau. Il disparaît sous la surface, émerge comme un bouchon et barbote en couinant. Sa mère se précipite. D'un coup de museau énergique, elle le remet au sec à côté de son frère (ou de sa sœur : allez savoir !).

J'ai toujours rêvé d'être un ourson.

Maman s'occuperait de moi. Je passerais l'hiver au creux d'un antre, blotti contre la fourrure parfumée de son ventre tiède.

19. UN DESSERT D'AIRELLES BLEUES

Une journée dans le delta des ours qui pêchent.

Pause casse-croûte à la cabane. Regarder la mère ourse s'empiffrer de saumons nous a ouvert l'appétit. Force de l'exemple : ursidés et hominidés sont frères depuis l'époque des cavernes ; parfois à la mode de Caïn, mais frères ! Ce que fait l'un, l'autre s'en inspire. En grignotant (sandwichs au saumon ; pourquoi détoner ?), nous discutons. De quoi, de qui ? Des ours, bien sûr... Au Kamtchatka, il s'agit d'ours bruns : *Ursus arctos*.

« Certains hivers très froids, précise Evgueni Lobkov, lorsque la mer gèle sur les côtes, il arrive que des ours blancs descendent jusqu'ici depuis le golfe d'Anadyr. Mais il s'agit d'errants, de vagabonds atypiques. »

Je crains que le réchauffement climatique imputable à l'effet de serre, ajouté à la raréfaction des ours polaires, n'interdise de telles visites au XXIe siècle.

L'ours brun du Kamtchatka appartient à la même espèce que celui de Sibérie, d'Europe (celui des Carpates, le slovène ou le *monsu* des Pyrénées) et d'Amérique du Nord (où on le nomme « grizzly »). Mais la population locale (comme celle de l'île Kodiak, en Alaska) se compose de géants. A l'âge adulte, un sujet des Pyrénées pèse entre 100 et 200 kilogrammes, selon qu'il est femelle ou mâle. Son cousin du Kamtchatka varie entre 300 et 700 – parfois davantage. Debout, un tel colosse culmine à plus de 3 mètres.

« C'est au Kamtchatka, déclare Evgueni Lobkov, avec de la fierté dans la voix, que vivent les plus gros ours bruns de la planète. Et leur plus importante population mondiale... On en recense six mille dans la péninsule, surtout dans la réserve Kronotski, où on leur fiche la paix. »

Hors des zones protégées, le braconnage n'a pas pris fin. De riches et sinistres semeurs de mort – japonais, américains, européens – paient des fortunes le plaisir d'abattre ces géants, dont on a compris qu'ils sont paisibles ; même si, parfois (pas plus souvent que chez les humains), l'un d'eux devient fou et démolit un photographe. Il faut savoir (stupide raffinement !) qu'on sert encore de la patte d'ours dans des restaurants de luxe chinois. La vésicule biliaire de l'animal se vend à prix d'or : elle est censée receler mille vertus médicinales. Certains amateurs recherchent toujours la peau de la bête, nonobstant l'inscription de l'espèce sur la liste U.I.C.N. des espèces en danger.

Petits nuages et soleil. Nous nous remettons en marche le long de la rivière, guidés par Sacha Massalov, ses cuissardes, son tromblon et ses lunettes « Hubble ». L'eau scintille, vif-argent sur les galets, puis s'assombrit en jade et saphir dans de profonds méandres. Des volées d'oiseaux piaillent : mouettes, goélands, sternes, labbes... Deux aigles de Steller se posent sur un banc de sable jonché de saumons morts. Un grand corbeau nous dévisage et rejoint un congénère sur un poisson éventré. Mon amie la corneille à gros bec a fait le voyage depuis le lac Kronotski : si ce n'est elle, c'est donc sa sœur... Quantité de commensaux profitent des surplus de la pêche ursine. Beaucoup, déjà gavés, gonflés, bourrés, dédaignent la provende. Un goéland alourdi, à moitié endormi, farci de saumon jusqu'au bout du bec, décolle à peine quand je fais mine de le toucher.

Nous empruntons un layon riverain inégal, bosselé, tortueux, percé de trous piégeux, où l'herbe est écrasée, les roseaux piétinés, les buissons brisés ; et d'où partent des coulées perpendiculaires qui mènent au cœur des fourrés.

« Ce n'est pas un chemin d'hommes, explique Sacha, c'est un sentier tracé par les ours. Ils le rouvrent tous les ans, à la fin de l'été. Chaque animal s'approprie un territoire qui commande une portion de rivière. Lorsqu'il a festoyé, le plantigrade remonte sur la berge et, par une coulée, va faire la sieste dans un gîte aménagé sous les arbres. Il digère, puis repart se gaver. Et ainsi de suite.

— Gare ! précise Evgueni Lobkov. Mieux vaut ne pas tomber nez à nez avec l'un d'eux ! Ce pourrait être un individu inquiet, malade ou énervé parce qu'il aurait mal assuré ses frontières. Encore plus dangereux : nous intercaler par mégarde entre une mère et son petit. L'ourse croirait son bébé menacé...

— L'un de nous, prédit Georges Bosio, finira forcément dépiauté comme un saumon ! »

Sacha Massalov connaît trop bien le terrain et les mœurs des fauves pour nous mener au casse-pipe. Il avance avec prudence, s'arrête, repart, observe, écoute, renifle... Une puissante odeur musquée émane des reposoirs à fauves : mieux vaut s'en écarter. Sacha nous immobilise d'un geste : un jeune mâle à la fourrure acajou sort d'un taillis, à une dizaine de mètres de nous, et descend dans la rivière. Il nous a repérés, mais nous juge dépourvus d'intérêt.

Partout, sur la berge, gisent des cadavres de saumons. Par centaines, par milliers ! Sanguinolents, le ventre béant, la peau arrachée, les muscles lacérés, la tripe à l'air... Leur chair est d'abord rose-rouge, puis grenat. Elle devient brun-noir, nuancée de vert et de violet quand elle se décompose. Une âcre et puissante odeur envahit nos narines et s'insinue jusqu'à nos poumons. Je me remémore la phrase de Coluche : « Le poisson pas frais, c'est déjà pas facile à manger ; alors à vomir !... » Agréables ou infectes, les informations olfactives manquent aux livres, aux magazines, aux documentaires télévisés. Difficiles à décrire, les parfums restent (pour le moment) impossibles à copier : pour eux, il n'existe aucun appareil d'enregistrement. Ni de lecture. Il faut faire le voyage, les percevoir sur place. Raison pour laquelle ce sont aussi les informations les plus authentiques que nous procurent nos sens.

Nous nous enfonçons dans la jungle du delta. La caresse des feuilles de saules et de roseaux me fait frissonner. Chaque tige qui bouge ou craque pourrait trahir un ours. Nous pataugeons dans des bras secondaires. (Je voulais changer de cuissardes, mais il n'y en avait pas d'autres ; je trempe mon pied gauche.) Nous laissons nos traces dans la vase, près d'énormes empreintes de fauves. Je mesure la longueur d'un pied d'*Ursus* : 30 centimètres sans les griffes. Selon Sacha, le propriétaire de ce délicat peton excède 600 kilogrammes.

Je n'espérais, de ma vie, rencontrer autant d'ours bruns en liberté... J'en avais aperçu la queue d'un en vallée d'Aspe – l'un des six derniers indigènes des Pyrénées françaises. Je marchais vers le col d'Ayous, au-dessus du chemin de la Mâture ; durant une seconde, le *monsu* m'avait montré sa croupe dans un champ d'iris bleus... J'en avais étudié d'autres, à l'occasion de missions Cousteau en Alaska et en Colombie britannique. Ici, ça n'a rien à voir... Nous en croisons des dizaines ! Au minimum, un tous les 100 mètres. Chaque méandre, chaque crique, chaque île de sable a le sien. De tous âges, de toutes tailles et de toutes les nuances de marron.

Un jeune adulte – dominé – pêche sous un saule. Le territoire qu'il a conquis n'est pas le meilleur. L'eau lui arrive au cou, les saumons fuient facilement devant sa gueule. Il réussit pourtant à en prendre : les poissons fatiguent ; la migration exige une grosse dépense d'énergie, beaucoup sont épuisés.

Sur l'autre rive, une mère précède deux oursons :

elle dévisage, assis au milieu du courant, un mâle colossal. Un monstre... La femelle lève le nez, renifle d'un air dégoûté et entraîne sa progéniture à l'abri des roseaux : pas question d'exposer ses jeunes à une colère du géant.

Le « pacha » tourne la tête vers nous. Il hume les molécules de l'atmosphère, parmi lesquelles les nôtres. Il est tellement démesuré qu'il semble irréel. Je me demande combien il pèse. (« Combien ? chuchote Nicolas Hulot. — Dans les sept cents kilos, souffle Sacha. — Je l'ai dans l'objectif, plaisante Patrice Aubertel, mais impossible de le cadrer, il dépasse de partout ! ») Le « bestiau », comme le nomme Georges Bosio, paraît plus argenté que brun dans la lumière scintillante du fleuve. Il donne un coup de patte négligent, avance les mâchoires et cueille une proie en douceur (je doute que ce soit l'avis de la victime), avant de la peler dans les règles. La nature ignore la pitié, et c'est ainsi qu'elle est grande.

Je serais curieux de savoir où ce personnage ira faire la sieste. Le voici qui se lève. Il ruisselle et s'ébroue en envoyant des gouttes à dix mètres à la ronde. Il avance vers nous. Nous organisons (une fois de plus) un repli stratégique vers des positions préparées à l'avance. Mais le fauve s'arrête en grognant... à l'encontre d'un congénère. Un mâle plus jeune... Celui-ci esquisse un curieux pas de danse, les cuisses très écartées, les jambes torses, les pieds en dedans. Il roule les mécaniques. Il bluffe. Grâce à ces entrechats chaloupés, il veut convaincre qu'il est le plus gros. Il exécute ce que les spécialistes appellent le « coup du cowboy ». Mais le seigneur du méandre ne se laisse pas impressionner. Il connaît la ruse. Il fait mine de foncer. Le blanc-bec détale. Pour lui, le temps n'est pas venu de chercher noise à un dominant.

Au virage qui vient ensuite, deux juvéniles brun et blond (frères ? sœurs ? frère et sœur ?) pêchent de conserve : ça marche, ils coincent plus de saumons ; la coopération augmente leur espérance de vie. Dans l'île voisine, une femelle éduque son ourson déjà grand ; elle dépose devant lui un poisson qui gigote et se convulse ; le rejeton s'en empare, mais lâche la proie dans le courant et la regarde filer d'un air ahuri, il lui reste des progrès à accomplir.

Sur la plage ultérieure, un bébé semble seul. Perdu... Il réclame sa mère puis disparaît dans les roseaux : futur improbable... Au-delà, se présentent d'autres femelles, d'autres mâles, d'autres jeunes. En quelques heures, nous observons plus de cinquante plantigrades. Certains, d'assez loin. D'autres sont si proches que nous percevons leur odeur : Sacha prépare son fusil, au cas... Mais pas un seul de ces « fauves » ne manifeste la moindre agressivité envers notre espèce. Il me revient en mémoire des récits de chasseurs qui soulignent à quel point il est difficile d'approcher ces carnassiers imprévisibles, sournois, dangereux, capables de tailler en pièces un homme en une minute, avant de le dévorer... De quels mensonges les manieurs de fusils ne sont-ils pas capables, afin d'accréditer l'idée qu'ils prennent des risques et se conduisent en héros ?

Quant à moi, je suis abasourdi de bonheur... Je rends grâces au Kamtchatka, à la nature entière pour le spectacle offert. La rivière étincelle, les arbres frémissent comme dans un poème de Buson, le héron se lisse les plumes comme dans une peinture de Chu Ta, mon cœur bat au rythme de l'eau sur la pierre. Je descends (ainsi, j'aurai les deux pieds mouillés...) dans un chenal profond, en partie couvert de feuilles flottantes de nénuphars jaunes, dont les fruits mûrs arquent leur pédoncule et se cachent sous la surface avant de lâcher leurs semences dans la vase. Je me penche sur le fluide. Des saumons ondulent à un mètre. Je ferme les yeux. Un étrange phénomène se produit. Mon corps grossit, devient énorme, se couvre de fourrure. Mes mains et mes pieds enflent, s'allongent, s'arment de griffes. Ma tête se fait lunaire, mes oreilles s'arrondissent, mes yeux rétrécissent. Mes canines, mes lèvres et mon nez s'hypertrophient. Je deviens ours. Je hume, j'explore un univers d'odeurs dont je n'avais jamais soupçonné l'existence. Je grogne. J'avance la patte. Je plonge la tête en ouvrant les mâchoires.

Je me relève, un saumon entre les dents. Mes frères les ours applaudissent...

Désespérant principe de réalité ! Je reprends pied dans le monde objectif. Ma métamorphose ursine était un rêve. Je n'ai qu'une tige de nénuphar dans la bouche. Ce ne sont pas les grands bruns qui applaudissent, mais mes amis humains ; lesquels, du reste, me considèrent d'un air perplexe... Nicolas me demande si je me sens bien. Je lui souris d'un air niais – l'une de mes spécialités. Lorsqu'il insiste et veut savoir pourquoi j'ai plongé la tête dans la rivière, je lui rétorque que c'est pour la science.

La science est gentille fille : je suis capable de justifier n'importe quoi en invoquant des raisons que je lui impute. Pour le coup, je ne suis pas loin de me convaincre moi-même : le naturaliste devrait plus souvent tenter de s'introduire, fût-ce par le songe, dans la peau de l'espèce qu'il observe.

Nous marchons vers la cabane à travers les saules et les bouleaux, en franchissant des clairières envahies de buissons d'airelles aux feuilles écarlates. Nous tombons sur un ours qui achève de s'emplir la panse en gobant force baies bleu-noir. Il les cueille à toute vitesse, d'un mouvement de lèvres comique (à la fois torsion et succion), comme on récite une litanie. Il engrange les sucres et les vitamines pour l'hiver. Il a besoin de ce dessert : les fruits complètent son régime saumoné. Il les adore ! Il est gourmand. Epicurien. Rabelaisien. Jouisseur sans entraves... Enfant bien léché de Mai 68 !

J'ai joué l'ours en mettant la tête dans l'eau pour attraper un poisson. Aucune raison pour que je m'en tienne là : j'imite l'ours à nouveau. Je marche à quatre pattes et je m'empiffre d'airelles, dont le jus bleu-violet dégouline sur mes lèvres et les poils de mon menton, lesquels composent ce que j'ai de plus plantigrade avec mes pieds plats, ma gourmandise et mes exploits de Mai 68.

Sans oublier mon rêve de nuit d'hiver dans les bras d'une ourse tiède, odorante et velue comme la Terre.

20. LA TRAGÉDIE DES SAUMONS

Le delta de la rivière Kronotski.

Je le ressens à chaque instant : je voyage au pays des origines. L'océan et le volcan : les deux puissances de la vie. Pour les rassembler, voici le fleuve, les arbres, les ours.

Et les saumons !

Les saumons jouent un rôle capital. Ils forment le trait d'union, le lien organique entre la mer et la terre. Ils naissent dans les ruisseaux et descendent vers l'océan à l'âge d'un an, sous forme de juvéniles qu'on nomme « tacons ». Pendant trois ou quatre ans, ils profitent des richesses du large : plancton, crustacés, mollusques...

Quand ils atteignent leur taille adulte, ils remontent leur rivière de naissance pour frayer. Ils apportent dans l'eau douce l'énergie qu'ils ont extraite de l'eau salée. Ils nourrissent l'écosystème continental, c'est-à-dire des volées d'oiseaux et des cortèges de mammifères : ours, loups, renards, loutres, visons, gloutons... Ceux qui échappent aux prédateurs s'éteignent après avoir transmis la vie. Leur chair alimente des myriades d'organismes. Leurs molécules font prospérer jusqu'à leurs propres alevins. Les bébés saumons ne voient jamais leurs parents : lorsqu'ils éclosent, ceux-ci sont morts depuis des semaines. Mais ils dévorent père et mère par la médiation de la chaîne alimentaire.

Je veux observer quelques scènes de cette tragédie sublime.

Nous cheminons dans l'immensité de la plaine. Nous foulons les buissons d'airelles, de raisins d'ours, de camarines et de saules lilliputiens. Les ours se promènent. Pour eux, c'est l'heure du dessert. Après avoir passé la journée à se gaver de saumons, ils se gobergent de baies. Nous les imitons : l'airelle est irrésistible. Nous allons jusqu'à la plage du liman. Quelques plantigrades creusent le sable en quête de coquillages (coques, praires, vénus...), qu'il ouvrent soit avec les dents, soit en insinuant une griffe entre les valves : chacun sa technique, et les petits imitent leur mère. Les ours sont malins. Ils exploitent ce que le milieu propose. Ils aiment à peu près tout, excepté la chair humaine.

Une perdrix des neiges – ou lagopède – décolle dans un « frou-frou ». L'oiseau mimétique s'élève à peine au-dessus du sol, atterrit et se piète dans les arbrisseaux où il redevient invisible. Quiconque le quitte des yeux une seconde éprouve mille peines à le localiser de nouveau. Dans les Alpes, on rencontre ce gallinacé à 2 000 mètres d'altitude. Ici, son habitat commence au niveau de la mer. A cette époque de l'année, l'espèce mue. Ses plumes tachetées de brun, beige et noir (camouflage estival) cèdent la place à une livrée d'hiver blanche.

Un renard roux trottine entre les buissons, museau effilé et oreilles en triangles, peu soucieux de notre présence. Au Kamtchatka, on croise aussi le renard polaire (blanc l'hiver, gris-brun l'été), dont certains groupes génétiques – dits « renards bleus » – affichent en toute saison une précieuse fourrure ardoise. Je ne vois pas – mais j'imagine – le lynx, le glouton, le vison, le blaireau, la zibeline et le chien viverrin. Dans un chenal, une famille de loutres se régale de saumons. Plus loin, une hermine danse entre les raisins d'ours ; à l'exemple du lagopède, elle mue, vêtue d'une livrée intermédiaire – encore rousse sur le dos, déjà blanche sur les épaules, les flancs et les cuisses. C'est le stade auquel se trouve aussi le lièvre variable qui détale, les oreilles dressées sur la tête comme les guillemets d'un début de dialogue. Reste à savoir qui va parler, et à comprendre ce qui sera dit.

Des hardes de rennes (ou caribous) sauvages promènent leurs ramures dans la rougeur de la plaine. Chez ces ruminants, les deux sexes exhibent des bois. Un mâle approche... Un géant, dont les parures sont si grandes qu'elles semblent irréelles – impossibles à porter. Je pense au cerf mégacère de la préhistoire, que ses ornements hypertrophiés, trop longs et pesants, difficiles à gouverner entre les branches, condamnèrent à l'extinction... Les rennes et leurs cousins les élans (ou orignaux) représentent la lignée des ongulés dans la péninsule, avec les mouflons des neiges qui se cantonnent en altitude. Ce sont les proies favorites des loups et des lynx et, à l'occasion, des ours. L'hiver, ils broutent des écorces, des bourgeons, de vieilles herbes qu'ils dénudent en grattant la neige, et des lichens, notamment ceux dits « des rennes ». Evgueni Lobkov m'en montre des touffes ramifiées, luisantes, presque nébuleuses : on dirait des pelotes de laine gris clair, à moirures beiges et au subtil parfum de musc.

Nous avançons dans la gadoue (« flic-floc »), jusqu'à dominer le talus instable d'une des bouches par lesquelles le fleuve rejoint son liman. Un endroit stratégique pour guetter les saumons... Par centaines, par milliers, des vagues grouillantes de ces poissons se présentent face au courant, hésitent, reculent, reviennent, ondulent, donnent un grand coup de queue et entament leur remontée héroïque. Avec l'aide d'Evgueni Lobkov, j'identifie le saumon rouge (*sockeye* ou *nerka*), le plus abondant, avec son dos bossu. Les écailles de ces animaux sont plus ou moins roses ou rouges, parfois carmin, avec des reflets violets : tout dépend de l'espèce et de la richesse de son régime en crustacés (euphausiacés, copépodes...) imprégnés de pigments caroténoïdes.

Le plus étonnant reste la différence entre les sexes ; non la taille, mais la forme du museau et de l'abdomen... Sous l'action des hormones sexuelles, les mâchoires des mâles se vrillent, racornissent et se changent en bec monstrueux ; raison pour laquelle, à ce stade, on les appelle « bécards ». Les femelles, dont la bouche reste normale, ont le ventre en expansion ;

les ovaires gonflés d'environ cinq mille œufs roses. (Saveur délectable. Merci, ô mères généreuses !)

Les saumons gagnent vers l'amont. Opiniâtres. Obsédés. Monomaniaques. Les rapides ne les arrêtent pas. Ils bondissent par-dessus les cascades. Avec une science consommée de l'hydrodynamique et du moindre effort, ils utilisent les contre-courants qui les catapultent vers le haut. S'ils retombent en arrière, ils recommencent jusqu'à ce qu'ils passent, triomphants ; ou agonisent, épuisés, ensanglantés, déchiquetés par les pierres... Les énormes cataractes dues aux coulées de lave qui ont créé le lac Kronotski leur restent infranchissables. Les animaux que nous observons se dirigent vers des affluents.

La puissance de cet instinct du retour – le *homing* des Anglo-Saxons – est hallucinante. On se demande comment, une fois descendus à la mer, et après y avoir vécu trois ou quatre ans (parfois deux, parfois cinq : il y a des exceptions), les saumons retrouvent leur fleuve, leur rivière, leur ruisseau d'origine. Tout se passe comme si l'itinéraire de leur voyage vers l'aval (cette migration catadrome, thalassotoque et trophique, c'est-à-dire « en descente, attirée par la mer et dans un but alimentaire ») s'était imprimé dans leur cerveau, et qu'il leur suffise de dérouler le film à l'envers pour effectuer l'odyssée inverse, qui (on l'aura compris !) est anadrome, potamotoque et génétique (« vers l'amont, stimulée par le fleuve et dans un but reproducteur » ; les mots de la science sont poésie). Certains spécialistes prétendent que tous les saumons ne reviennent pas chez eux et que le hasard joue un rôle. Marquages à l'appui, la plupart des autres continuent de penser que les poissons se trompent peu.

Comment s'orientent-ils ?

En pleine mer, ils comptent sur les vagues et les courants, dont ils ont une perception fine grâce à leur ligne latérale : ils repèrent ainsi la bonne direction générale. Ont-ils recours au Soleil et à la Lune, qui règlent les marées et affectent leurs hormones et leur horloge interne ? Ils détectent, en tout cas, des changements infimes de la chimie de l'eau. Et ils sont sensibles aux ondes électriques : leur boussole organique leur révèle les anomalies locales du champ magnétique terrestre, qu'ils utilisent pour baliser leur voyage.

Lorsqu'ils rejoignent l'embouchure du fleuve qu'ils ont descendu à l'état juvénile, le goût, l'odorat, la vue, le toucher entremêlent leurs informations pour les conduire, de confluent en confluent, jusqu'à leur ruisseau d'origine. Ils réagissent à la couleur de l'eau, à sa turbidité, à sa température (ils aiment le froid). Ils testent sa salinité, son acidité (son pH), sa richesse en oxygène, sa teneur en gaz carbonique et en acide humique. Mille odeurs particulières (de roche, de limon, de plantes) leur indiquent le chemin.

Le saumon est à l'image du fluide où il frétille : il accomplit un grand cycle indispensable à la vie. Je me sens saumon au bec torve. Je suis ridicule quand je nage, j'ai un odorat lamentable, mais je quête mes origines. Le poisson remonte son ruisseau natal. Je voudrais comprendre, par les cellules de ma peau autant que par ma matière grise, le flot généreux des organismes qui coule depuis près de quatre milliards d'années, dont je dérive par hasard et dont je profite un instant.

J'ai moins de chances de réussir ma tentative que le saumon la sienne. La puissance de son instinct est un prodige, la limitation de ma cervelle une douloureuse réalité.

Nous revenons vers la cabane. Une mère ourse, suivie de son petit, balance la tête d'un air agacé quand nous croisons sa route. Un aigle de Steller file. Un faucon pèlerin plonge. Un renne sauvage broute près de l'hélicoptère et s'éloigne sans hâte à notre arrivée.

Nous grimpons dans l'appareil. Décollage. L'engin nous emporte au-dessus de la plaine couleur de sang, vers les premières pentes du mont Kronotski – là où, dans quelques semaines, les ours repus monteront chercher un antre où passer l'hiver en semi-léthargie. Aiwar Bebrich longe vers ses sources un affluent accessible aux saumons. Il passe des champs de lave et atterrit sur un plateau d'herbe vert sombre, où plusieurs courants gazouillent avec fraîcheur. Je débarque. Je me penche sur un torrent. A travers le miroir liquide, j'observe le manège amoureux des poissons.

La femelle se laisse approcher par le mâle qui s'est battu pour elle. Elle lui mordille les ouïes. Puis elle danse une ronde. Son compagnon la suit dans ses figures. Il semble hypnotisé. Au bout d'un moment, il se place à la hauteur de la belle, flanc contre flanc. Il se frotte à elle, glisse sous son ventre et stimule son orifice de ponte avec sa nageoire dorsale. La femelle ondule, frémit, semble saisie de frissons, puis recommence de tourner. Bientôt, elle s'incline sur le côté.

D'un battement de queue spasmodique, elle soulève le gravier du fond. Elle creuse un nid. Plusieurs passages sont nécessaires. Le trou prend la forme d'une ellipse dont le grand axe épouse le sens du courant. L'excitation atteint son comble. La femelle libère des salves d'ovules couleur corail dans la tranchée. Le mâle éjacule des jets de sperme – de laitance – sur les sphérules.

La fécondation accomplie, les partenaires se reposent. Puis recommencent. Deux fois, trois fois, jusqu'à épuisement... Sur les cinq mille œufs de la mère, un dixième d'entre eux échapperont aux aléas du ruisseau et des prédateurs, et écloront en alevins. Un dixième de ce dixième vivra jusqu'à l'âge d'un an. Les saumons, devenus tacons, se laisseront emporter par le flot jusqu'à la mer. Deux individus seulement – cruelle et nécessaire statistique – auront la chance de revenir un jour dans leur courant natal jouer au jeu de l'amour et du hasard.

Je regarde les parents qui finissent de frayer. Pour eux, le cycle est bouclé. Ils ont accompli leur tâche. Ils vont mourir.

Leur destin est écrit en langage de molécules dans le grand livre de la vie.

21. VIEILLESSE ENNEMIE !

Pauvres saumons, pauvre misère !

Ils ont transmis la vie. La nature les reprend.

Mâles et femelles, épuisés, se laissent emporter par le flot. Les remous les ballottent. Ils respirent avec peine, leurs ouïes battent de façon spasmodique, leurs dernières forces les abandonnent. Ils heurtent les cailloux sans réagir. Parfois, un coup de queue les remet dans le bon sens ; l'instant suivant, ils dérivent en travers, puis le ventre en l'air... J'en attrape un : il ne se débat plus. C'est une femelle. Son orifice urogénital est tuméfié, boursouflé, infecté. Son abdomen et ses nageoires se couvrent de plaques de parasites. Elle était luisante, musclée, féconde, glorieuse. La voilà misérable, inutile, pathétique, et belle, encore, comme une charogne de Baudelaire.

Lorsqu'ils ont frayé, les saumons subissent un processus de vieillissement accéléré. En quelques heures, leurs écailles et leurs branchies ternissent, se dépigmentent, deviennent livides. Leurs téguments se fissurent et se nécrosent : des virus, des bactéries, des champignons les envahissent. On dirait les poissons frappés par un sida fulgurant. Ils n'ont plus de défenses immunitaires. Ils s'effondrent dans le néant. Ils retournent à la soupe moléculaire.

Cette sénescence rapide intéresse la médecine. Certains biologistes parient que, s'ils en perçaient les mécanismes génétiques et hormonaux, ils pourraient *a contrario* découvrir des moyens de freiner le vieillissement humain. Le rêve de l'éternelle jeunesse pourrait passer par le saumon. Appelons cela une « utopie poissonnière ».

Nous discutons de l'immortalité humaine, de ses avantages supposés et de ses inconvénients probables. Georges Bosio adopte la position fataliste :

« Si c'est pour avoir un petit chef sur le dos dans les siècles des siècles, mieux vaut abréger le parcours ! Même chose pour les rhumatismes et les crottes de chiens sur les trottoirs... »

Je fais observer que, si nous étions immortels, la Terre serait peuplée, non pas de 6 milliards d'êtres humains, mais des quelque 90 à 100 milliards qui ont existé depuis l'apparition du genre *Homo* en Afrique orientale (négligeons l'australopithèque). Je demande si la planète accepterait. *Mutatis mutandis*, il y aurait 1 milliard d'habitants en France, 5 aux Etats-Unis, 15 en Inde, 18 en Chine...

« A coup sûr, dit l'un d'entre nous, garer sa voiture poserait problème.

— Quelle voiture ? demande un autre. Pour aller où ? Avec quel carburant ?

— Notons bien, reprend le premier, qu'en étant immortels, nous aurions davantage de temps devant nous ; par exemple, pour voyager à pied de Paris en Sibérie.

— Ce qui, conclut Nicolas Hulot, offrirait deux agréments : *primo*, on verrait le paysage et les gens ; *secundo*, on ne resterait pas coincé trois jours dans un aéroport ! »

Le soir tombe sur le Kamtchatka. Derrière le mont Kronotski que survolent des oies sauvages, le ciel s'illumine de nuages rose, mauve et or. Je n'ai jamais vu pareil foisonnement de nuances, même dans les décorations des églises baroques de mon enfance, en Tarentaise. J'attribue cette splendeur à la magie du saumon. Vous savez ? Le saumon totem... L'esprit de la tribu. Le chaman lui parle par la médiation du champignon hallucinogène. Il lui fait l'offrande d'un bouquet d'iris bleus et de poudre de neige éternelle.

Les ours quittent la rivière. Ils flairent le vaste monde en clignant des yeux, s'ébrouent et, lentement, lourdement, vont digérer dans leurs nids de roseaux et de saules, en attendant l'aube qui les remettra devant leur table de ripailles.

D'un trait d'hélicoptère, nous rentrons au camp Kronotski. L'un après l'autre, nous allons nous laver.

Au sauna. Au bain russe...

Je n'en ai pas encore parlé. Il est installé dans la cabane où Nicolas et moi avons nos chambres ; à gauche, en entrant, après la remise où s'accumule le bric-à-brac de cinéma... Un énorme poêle en fonte y trône, dans lequel Pierre Lenormand, Damien Chatard et les Russes font brûler du bois depuis la mi-journée. Le foyer chauffe une grande cuve d'eau. Le soir, le liquide frémit : tout fleure bon la braise et la résine. Sur le plancher, un caillebotis de mélèze. De l'autre côté du fourneau, un bac d'eau froide... On entre dans un nuage de vapeur. Le principe consiste à prendre de l'eau chaude avec une écope, à se la verser sur le corps, puis à s'asperger d'eau froide. On peut mélanger : chacun dose les températures comme il les aime ou les supporte... Le style orthodoxe alterne le bouillant et le glacial. C'est « tonique », ça « gomme la fatigue », ça « dénoue les muscles », ça « retend les nerfs », ça « recharge en énergie », ou la formule pseudomédicale qu'on voudra.

A condition d'éviter la syncope !

Le style occidental est plus humble : il se déploie dans les moyennes thermiques supportables. De toute façon, c'est un délice.

Lorsque je suis récuré, remplumé, renforcé, remonté (j'ai essayé la manière orthodoxe : j'ai failli tomber raide ; mais quel plaisir après la peine !), je me rhabille.

Je file au réfectoire, où je discute avec Evgueni Lobkov et Galia Namjilova. Tout à l'heure, j'ai aperçu un rapace dont je suppose qu'il s'agit d'un jeune aigle royal. Evgueni me le confirme : *« A golden eagle, a juvenile. »* (Pour l'ornithologue, « royal » et « doré » sont synonymes.) Je mets en ordre mes notes. Je vérifie les noms scientifiques des espèces botaniques et zoologiques que j'ai eu le privilège de croiser. Les grands saules qui bordent la rivière, et dont les ours apprécient le couvert, appartiennent à l'espèce dite « de Sakhaline » *(Salix sakhalinensis)* ; tandis que les saules nains de la toundra littorale sont « polaires » *(Salix polaris)*. Evgueni me précise que, parmi les oiseaux, nous avons observé deux harles différents : le bièvre *(Mergus merganser)* et le huppé *(Mergus serratus)*. Les oies sauvages étaient « des neiges » *(Anser coerulescens)*, les bernaches « à cou roux » *(Branta ruficollis)*. Evgueni Lobkov prétend – mais je m'étonne – avoir souvent vu des courlis, des barges, des chevaliers et d'autres limicoles, amateurs habituels de crustacés et de vers de vase, becqueter des airelles et des fruits de camarines. En prévision de l'hiver, les oiseaux et nous-mêmes avons besoin de vitamines.

J'ai salué, tout à l'heure, un aster encore en fleur : un cousin de l'aster des Alpes, une sorte de jolie marguerite au cœur d'or et aux rayons violets. *Aster sibiricum ?* Evgueni hésite. Il me révèle que, l'été, outre les iris de Sibérie, la montagne se couvre de rumex, d'armoises, de potentilles, d'alchémilles, de campanules, de saxifrages et d'épilobes en épis, auxquels se mêlent des dauphinelles bleu roi, des églantiers aux coupes purpurines, des trilliums à trois sépales verts et trois pétales immaculés, de sublimes lis orangés aux corolles en turbans, des pavots de cuivre, et des sabots-de-Vénus rose-grenat, dont le secret des labelles en forme de chaussons se propage, de montagne en montagne, dans toute l'Asie, jusqu'au Tibet où ils prennent le nom de *Cypripedium tibeticum*.

Après le dîner (au menu : caviar de saumon, saumon en sauce, pommes de terre, betteraves et tarte aux airelles), je déniche, dans mes bagages, un magazine que j'avais acheté à l'aéroport de Roissy. Il date de quinze jours. Il nous amuse beaucoup : au royaume des ours, comment prendre au sérieux les querelles du microcosme parisien ? Le saumon nous intéresse davantage que les cours de la Bourse. L'aigle pêcheur nous fournit plus d'émotions que la confusion sentimentale des stars du showbiz.

L'hebdomadaire propose un test de mémoire auquel nous nous soumettons dans un chahut. Nos résultats sont consternants. Nous mangerons donc la fleur de l'oubli au Kamtchatka, tels les compagnons d'Ulysse au pays des Lotophages. Nous ne reverrons jamais Ithaque. Pénélope pleurera, puis choisira un jeune et beau prétendant...

Nuit noire et champ d'étoiles. Jupiter et Vénus se lèvent. Je regagne ma cabane en longeant les roseaux du lac. Les vagues pulsent sur les galets. Je baigne dans le poème « infusé d'astres et lactescent » : ô Rimbaud ! Je hume le basalte et les arbres. Je me nourris de l'harmonie des ours et des bouleaux. Je laisse émaner de mon corps la fraction la plus subtile de moi-même. Mon esprit grimpe la montagne par la magie de la corneille. Je m'élève au flanc obscur du volcan. Je franchis les falaises, je touche le glacier, je passe la cime, je vole dans l'éther, je file vers les constellations, je m'anéantis dans la Grande Ourse – poussière émerveillée dans l'infini.

Au matin, le temps a changé.

Lorsque je mets le nez dehors, je me fais cueillir par un grésil plein d'aiguilles. D'épais nuages partent à l'assaut du mont Kronotski, dont la neige blanchit le tiers supérieur. Il fait frisquet. Les roseaux se couchent. Les vagues se hérissent, leur crête blanchit. Des canards colorés s'éparpillent en surface. Les goélands frissonnent.

Un hélicoptère s'approche et atterrit. Il arrive de Petropavlovsk-Kamtchatski et nous fournit un renfort de trois hommes. La « troisième équipe » de la mission *Ushuaïa-Nature* se compose d'Eric Minvielle, Pierre Reux et Vincent Dupuis.

Eric Minvielle, *alias* Ricky, n'est ni grand ni baraqué, mais (j'aurai l'occasion de le constater) il déploie une force et une résistance peu communes. Il trimballe des charges de sherpa durant des heures. Son métier consiste à réparer tout ce qui, dans une caméra, refuse de fonctionner (synonymes : ce qui « tombe en rade », « plante », « déconne », « merdoie », etc., selon le degré d'énervement du cadreur). On jurerait qu'il s'est greffé dans la main une panoplie d'outils de précision : minuscules tournevis, pinces pas plus grosses que des mandibules de fourmi, fers à souder de la taille d'un cure-dent... Rares sont les tournages sans panne : Eric tient lieu de sauveur suprême. Il apporte, dans ses bagages, deux caméras automatiques miniaturisées, qu'il fixera aux endroits les plus bizarres de nos engins volants, afin d'obtenir des images insolites.

Pierre Reux incarne un calme. Au moins en apparence. Son métier de preneur du son le met dans la confidence. Il faut savoir que, lorsqu'on a quelque chose à dire dans un tournage, on est « équipé ». On se retrouve avec un émetteur haute fréquence (« H.F. ») dans la poche, un fil sous la chemise et un micro « cravate » clampé sur le col. Le technicien, casqué, entend tout ce qu'on dit, non seulement le discours sensé, argumenté, pédagogique, mais la vanne qui fuse, le juron qui suit la chute, ou la ponctuation vigoureuse d'un ras-le-bol trop humain en conclusion d'une journée de galère.

Vincent Dupuis fait partie de la corporation des rêveurs. Il a en permanence le nez au ciel. Il ne songe qu'à s'élever dans l'atmosphère. Il prend le vent comme un oiseau. Il est pilote de montgolfière – d'ordinaire en Bourgogne, près de Beaune. Il apporte avec lui un petit engin à deux places. L'enveloppe du ballon, la nacelle et le brûleur composent une charge lourde et encombrante, mais moins que les dizaines de bouteilles de propane que nous empilons dans l'herbe.

Car nous allons survoler le Kamtchatka.

En montgolfière, tels des héros de Jules Verne !

22. LA CALDEIRA D'UZON

Vrombissements. Vibrations. Sur mon carnet de notes, mon écriture tremble.

Décollage. L'hélicoptère nous enlève au-dessus du camp et du lac Kronotski, vers la taïga puis les montagnes du sud-ouest. Nous franchissons une série d'épaulements de roches et de vallées connexes où, dans un patchwork, s'exaltent les bruns, les gris, les ocres et les roses. Une poudre de neige décore les sommets.

Nous longeons le flanc du volcan Kracheninnikov (1 857 mètres), en route vers la caldeira d'Uzon. Ecrit à la française : « Ouzone ».

Le panorama tient du prodige. En altitude, non seulement la taïga disparaît, mais la toundra capitule. Ne subsiste que le minéral, l'absolu minéral qui s'ordonne en artères et en veines de lave, en foies de basalte, en poumons d'obsidienne, en cœurs de soufre. *Ecce Gaïa !* Voici la Terre... Mais dans son enfance...

Je contemple la planète en création, un pan du globe des origines, tel qu'il fut voici 4,3 milliards d'années, 200 millions d'années après l'agglomération de poussières d'étoiles qui pétrit la rondeur de notre astre. J'ai sauté dans ce passé lointain par la magie des pierres, des cratères et des eaux.

Je quête les fondations de la maison Vie. Un autre épaulement, et je bascule dans le poème. La caldeira d'Uzon...

Une plaine cernée de crêtes abruptes, à laquelle introduit un lac ovale, d'un bleu de saphir : le lac Dalneye. Au-delà, une vision d'enfer et de paradis mêlés... Un enfer, car au creux de cette enceinte pour Titans, tout fume, tout est vapeurs, brouillards, nuées, volutes et panaches ; on devine les feux du dessous ; on imagine les grils, les flammes et les démons cornus aux pieds fourchus... Un paradis, parce que ce mélange de terres indécises, de vases, de cendres, de buissons écarlates, d'herbes jaunes, de fumerolles et d'étangs, compose le plus fabuleux paysage qui se puisse observer. On contemple un monde impossible. On entre dans un délire. On se projette dans une folie. Jérôme Bosch, Edgar Poe et Lovecraft ont rêvé ce décor. A moins qu'il ne s'agisse du peintre Tanguy. Ou d'Henri Michaux, lors d'un voyage à la mescaline : *Connaissance par les gouffres*.

L'hélicoptère atterrit dans les graminées d'or, près d'une cabane de bois bleue.

La cabane d'Uzon... Impossible, en la voyant si belle, si simple, de ne pas songer à la « maison bleue accrochée à la colline », que chante Maxime Le Forestier. C'est le seul indice de présence humaine à des kilomètres à la ronde. Elle a la grâce de ce qui reste libre. Elle resplendit dans des nuances de ciel et d'eau, au creux d'une féerie dont elle constitue le lieu géométrique. Elle n'est occupée que par un garde de la réserve. Ses murs de rondins et de planches ont été peints en bleu il y a belle lurette. La teinte en a passé – délavée, estompée, mais glorifiée par la succession des saisons. Le temps s'est fait artiste. Il a utilisé le blizzard, la glace et la brève chaleur des étés. Il a travaillé avec un pinceau de vent, délayé ses couleurs à la pluie ou à la neige, et enduit sa toile d'un vernis de hasard.

Nous entrons dans la bâtisse, précédés par le garde. Dans la pièce principale, outre un poêle à bois, figurent une table et des bancs rustiques, et deux lits à deux couchettes superposées. Un réduit, décoré d'une vieille carte de la péninsule, contient le matériel scientifique. Basique... L'émetteur-récepteur radio a dû servir dans l'armée Rouge des années soixante... Deux autres pièces, minuscules, peuvent abriter des hôtes pour la nuit. Difficile de faire plus modeste. Le locataire du moment, un petit homme aux yeux bridés et aux pommettes saillantes (comme beaucoup de Russes d'Extrême-Orient), discute avec Aiwar Bebrich, Evgueni Lobkov et Sacha Massalov. Il rit avec eux. J'entends passer le mot *« medved »*. Galia Namjilova traduit.

« Oui, il y a *aussi* des ours à Uzon, dit-elle. Certainement une mère et deux petits, peut-être une autre avec trois bébés. Ces animaux ont établi leur domaine autour de la cabane. Attention ! Les mamans sont nerveuses...

— Mais que cherchent les plantigrades sur ces hauteurs ? demandé-je. Loin de l'embouchure des fleuves et des festins de saumons...

— Pardi !... La chaleur qui réconforte et la boue qui guérit ! répond Sacha. Ils ont compris ce qui profite à leur santé. »

Sacha a enquêté sur le sujet. D'après lui, les ours blessés ou malades viennent « en cure » à Uzon. Ils arrivent parfois de loin, comme si le coin était connu de l'espèce. Ils se soignent en nageant dans les mares ou en se vautrant dans la gadoue. Ils trouvent ici de l'eau ou de la vase riches en sels, et à toutes les températures.

« Nous-mêmes, ajoute le directeur de la réserve, nous nous baignons dans un de ces étangs. Vous le verrez, à deux cents mètres de la cabane. Rond et tiède. Nous y avons construit une cabine et un plongeoir. C'est notre mer Noire !

— Profond ?

— Plus de vingt mètres, mais c'est en entonnoir... Nul ne sait où descend le trou central ; peut-être en enfer ! Les remontées sont bouillantes, mais la mare est attiédie en surface par les ruissellements de la pluie : sa couche supérieure atteint la température du bain de bébé : 37 °C. Un délice...

— Il faut ajouter, reprend Evgueni, que l'eau douce neutralise le pouvoir corrosif du liquide. On ne tremperait pas les orteils dans la plupart des étangs d'Uzon : ils recèlent une mixture d'acides sulfurique, sulfhydrique, carbonique, nitrique, chlorhydrique... »

Nous partons à pied pour une exploration. Nathalie Galoub se joint à nous. Elle rayonne, intelligente et fine. La blondeur des blés dans l'immensité hostile du volcan... Non seulement elle se réapproprie la lave, la cendre et la fumerolle, mais on jurerait qu'elle les ordonne. Elle leur ajoute du sens. Elle en incarne la déesse frêle et puissante. Loin de la vaisselle et du réfectoire, elle redevient la spécialiste, docteur en géophysique, qui comprend mieux que quiconque l'architecture du Kamtchatka – cette queue trépidante du dragon Asie.

Le mot portugais *caldeira* signifie « chaudron ». La caldeira d'Uzon est un chaudron magique. Une marmite des merveilles... Les crêtes abruptes qui la bornent représentent les vestiges déchiquetés d'un volcan qui culminait à plus de 3 000 mètres. Voici environ cinquante mille ans, ce cône éruptif explosa dans une apocalypse. Vidée de son contenu, la chambre à magma s'effondra. Ce collapsus créa une cuvette qui, après la dernière glaciation, se combla de sédiments.

Environ 12 kilomètres de longueur et 9 de largeur... Le fond plat se constelle de lacs et d'étangs où l'activité volcanique continue de se manifester en bouillons, glouglous, vapeurs et fumerolles. Depuis un tertre, Nathalie Galoub me montre le lac Outinoyé, le lac Fumerolle, le Pot Bouillant, le Pot Central, le lac Chlorhydrique. Là-bas, le lac Vosmerka, composé de deux bassins contigus en forme de 8 ou de signe mathématique « infini »...

Les eaux d'Uzon se rassemblent d'un côté de la dépression, qu'elles contournent sous l'apparence d'un torrent bleu-vert : la rivière Choumnaïa (ou Shumnaya). Celle-ci entaille l'horizon d'un défilé gris sombre, par lequel elle quitte la caldeira pour aller frôler la vallée des Geysers, avant de cascader jusqu'à la côte et de s'unir à l'océan.

Les arêtes sommitales, poudrées de neige, culminent au pic Barany (1 617 mètres d'altitude). Le fond plat du système se trouve à 700 mètres au-dessus du niveau de la mer. Une étrange colline, appelée « *Gora Belaïa* » (la « montagne Blanche »), semble enneigée même en été, car pétrie de cendres et de ponces immaculées. Au creux du chaudron, les buissons rouge et or (saules, camarines, airelles, busseroles), rehaussés de pins nains vert sombre et de mélèzes dorés, et empanachés de bouleaux au tronc blanc et aux feuilles jaunes, alternent avec des étangs vaporeux. Je m'émerveille de ces centaines de mares de toutes les dimensions, aux géométries bizarres et aux couleurs de gloire : azur, turquoise, améthyste, aigue-marine, vert pomme, vert bouteille, rose, gris, blanc de lait...

Les fumées s'effilochent. Je suis ravi comme un gosse. Je voudrais entrer dans cet univers comme en un conte. Je marche derrière Nathalie, sur le sentier mal tracé qui rejoint le lac Fumerolle. Nicolas Hulot et les autres rayonnent. Les cadreurs oublient de filmer, les preneurs de son négligent le micro, Gil Kébaïli déploie des efforts surhumains pour tenter de reconcentrer son monde sur le tournage.

« Même pas sûr, murmure Georges Bosio, que la pellicule photo restitue les nuances... »

Nul itinéraire : une errance. Un vagabondage. Nous déambulons au gré de nos pieds. Nous faisons le tour du lac Fumerolle. Nous nous penchons sur le Pot Bouillant. Nous gagnons le bord du Pot Central. Ce ne sont que marmites de sorcières, exhalaisons de soufre, cuvettes glougloutantes, expirations d'acide. Avec le « ploc-ploc », le « chhhliii », le « chloup-chloup », le « flotch-flotch » de la boue agitée, soulevée, animée par les gaz venus des entrailles de la planète. Avec le gargouillis des sources et le murmure des ruisseaux qui se teintent de gris, d'émeraude, de rose ou de mauve. Fantaisie minérale. Coloris subtils. Musique concrète. Souffles et rimes.

Lucrèce a composé ce poème d'atomes.

Certaines vasques d'argile brûlante sont gris pâle ; d'autres presque bleues, vert pistache, beige, ocre jaune ou rouge sombre... Je regarde les bulles de boue qui gonflent et explosent en fleurs fugaces, avant d'être remplacées par de nouvelles corolles éphémères, lesquelles se lèvent et claquent, tandis que se préparent les pétales suivants. Une obsession visuelle et sonore... J'ai l'impression que la Terre palpite. Qu'elle a un corps frémissant, des poumons, un souffle, un cœur, pour ainsi dire une âme. De petits cônes crachent de la fumée, les uns par moments, les autres sans discontinuer – simulacres de volcans hauts de 40 à 50 centimètres, et dont les flancs se tapissent de soufre natif jaune-vert.

Selon Nathalie Galoub, la caldeira d'Uzon est réputée pour deux types de minéralisations. Les unes, autour des cônes miniatures, engendrent du soufre. Les autres, nées des sources hydrothermales, laissent des dépôts riches en bore, étain, cuivre, zinc, or, argent, strontium, baryum, etc. ; mais surtout en antimoine, en arsenic et en mercure. Ainsi naissent quelques infernales potions. Les « élixirs du diable », dirait Hoffmann. Il faut s'en accommoder : les volcans sont beaux. Ils constituent une condition nécessaire à la vie. Mais ils répandent la mort avec une manière d'indifférence sardonique, parfois la brutalité de dieux primitifs et cruels.

Je hume l'air en tordant les narines à la façon des ours. La palette des odeurs est aussi complexe que celle des couleurs et des sons. La vase exhale des effluves d'humus : les décompositions organiques sont actives à cause de la chaleur de la terre, malgré la rigueur du climat. Près des cheminées où fusent les fumerolles, les molécules se font âcres, piquantes, corrosives, parfois suffocantes ; imprégnées d'acides ; avec des oxydes de soufre et de l'hydrogène sulfuré au parfum d'œuf pourri.

Au hasard du chemin, ces senteurs hostiles se mêlent de fragrances agréables, attirantes, d'une douceur surprenante, presque paradisiaques ; nées de je ne sais quelle secrète alliance du sol, de l'eau, des plantes et du vent... Je note des signatures de tanins et de champignons, des nuances d'épices, presque des bouquets de grands vins. J'identifie des arômes d'eau de toilette échappés de la salle de bains d'une femme. Ailleurs – tantôt vulgaires et tantôt subtils – des rappels de viande ou de poisson ; des haleines de fromage ; des tonalités de chocolat ou de pain ; des éclats de goudron ou de lis ; sans oublier ces exaltations d'urine ou de sueur que sont les nectars du narcisse ou de la capucine.

Devant nous, dans la boue, des traces d'ours – de belles empreintes, nettes et récentes... Un grand animal et deux petits. Nul besoin d'être Itelmène ou Koriak pour y lire le passage de la mère et des petits dont parlait le garde. Nous suivons la piste en posant nos pieds dans les marques plantigrades.

Nathalie Galoub me désigne une aire inondée où des dizaines de trous vomissent une eau bouillante et acide. Dans ces creux glougloutants, ondulent des sortes de fils de laine gris, disposés en couronnes. Je sais ce que c'est.

Des bactéries coloniales. Presque identiques aux premières formes de vie apparues sur la Terre. Les bactéries des origines.

Pour ainsi dire, nos plus lointains ancêtres, tels qu'ils furent voici quatre milliards d'années.

23. AUX ORIGINES DE LA VIE

Ces filaments gris dans l'eau bouillante : la vie des origines !

Je contemple les cellules les plus simples, les êtres les plus sommaires, les mères des organismes. Les bactéries d'Uzon nous arrivent du plus lointain des âges. Elles incarnent le miracle initial, le moment où la matière s'anime, le b-a-ba du processus biologique. Elles ont persisté jusqu'à notre époque.

Autant que pour les ours, c'est pour ces rien-du-tout que j'ai entrepris ce voyage au bout de l'Asie. Grâce à ces créatures, le Kamtchatka constitue un lieu des commencements. L'une des contrées du globe où règnent encore les conditions d'apparition du vivant. Où l'on retrouve les stades primordiaux du cortège des existences, dont les ours et nous formons la queue avec nos philosophies particulières – la leur fondée sur le rêve hivernal, la nôtre sur le *cogito* cartésien. (Nos philosophies diffèrent, nos goûts sont identiques : l'airelle et le saumon.)

Je m'accroupis dans la boue. Je détaille un trou de roche par où jaillit une source hydrothermale. Je distingue les microbes à l'œil nu, non par un trucage optique, mais parce qu'ils s'agglomèrent en colonies ; entassés par millions et par millions ; additionnés, juxtaposés pour former ces filaments gris, spiralés, évocateurs de brins de laine. Les remous de l'eau font vibrer ces structures textiles, mais d'une extrême fragilité. (N'y touchez pas ! Ils tomberaient en poussière.) Les brins ballottent et ondulent comme ceux d'un pompon dans la brise ; ou comme des faveurs au mât d'un voilier.

Je me prosterne devant ces presque riens dont tout procède. La gueule d'eau chaude où ils logent mesure une vingtaine de centimètres de diamètre. Je me penche sur le mystère du puits. J'essaie de jauger la profondeur liquide. Les filaments composent une couronne au bord de l'orifice. Au choix de l'image, on dirait une serpillière ou la chevelure d'Einstein. Peu importe ce qu'ils évoquent : ils incarnent l'état du monde voici quatre milliards d'années.

J'ai rarement été troublé par des bactéries ; mais une émotion me saisit. Devant ces créatures, je me sens moins que rien dans le prodigieux cours du temps. Fruit du hasard et de la nécessité ; surtout du hasard... Je sais que je descends de ces formes simples. J'examine mes plus lointains ancêtres. Je leur dois – au bout d'une improbable et merveilleuse évolution – mes gènes humains (à peine trois millions d'années) ; mes cellules, mes tissus, mes organes, mes fonctions, ma mémoire, mes plaisirs, mes amours et mes plus beaux poèmes. Il me vient ce haïku :

Cheveux gris
La Terre met au monde
Son plus vieil enfant

L'eau gargouille et ruisselle hors du ventre de la caldeira. Elle lâche dans l'atmosphère des oxydes de soufre et de l'hydrogène sulfuré qui piquent la gorge. Je plonge mon thermomètre dans la gueule : 88 °C. Mon pHmètre affiche 1,5. En vérité, il est moins question d'eau que d'acide presque pur ! Une mixture sulfurique, chlorhydrique, nitrique, que sais-je encore ? Sulfhydrique et carbonique. Je me demande s'il existe un acide philosophique.

Peut-être un acide esthétique ?

Les micro-organismes qui prospèrent dans ce brouet sont les plus simples des êtres autonomes. Quelques chromosomes mais pas de noyau (ainsi vont les procaryotes), un cytoplasme avec des inclusions (ribosomes, mitochondries, etc.), et une membrane tout autour. Un mode de reproduction basique – par division binaire : chaque mère donne deux filles qui lui sont identiques, et ainsi de suite dans les siècles des siècles, selon le principe de la copie conforme. Du clonage. Avec, parfois, une petite erreur qui enclenche l'évolution...

Ces bactéries ancestrales (ou archéobactéries), sont dites « thermophiles » (elles aiment la chaleur) et

« acidophiles » (elles hantent les milieux acides). Elles vivent de la chimie, d'où leur qualificatif de « chimiotrophes ». Elles extraient leur énergie des composés du soufre où elles barbotent. Elles datent d'un temps qu'Aragon eût jugé « déraisonnable ». Elles remontent à une époque où la Terre, agrégée depuis moins de 500 millions d'années, n'était encore que minérale. Elles en incarnent la révolution biologique. On a mis au jour des fossiles dans des roches du Groenland et d'Australie vieilles de 3,5 à 3,8 milliards d'années.

Arrondissons à 4 l'apparition de la lignée.

Je plonge dans ces lointains... Mon imagination remonte les ères. Le quaternaire (australopithèques en Afrique). Le tertiaire (triomphe des mamelles). Le secondaire (dinosaures). Le primaire (trilobites et poissons). Le précambrien (éponges et méduses ; avant elles, protozoaires ; encore avant : bactéries et algues bleu-vert)...

Un voyage extraordinaire. J'y suis. Quatre milliards de printemps avant le *cogito* cartésien...

La planète est en folie. Il y règne un tohu-bohu. Les volcans vomissent laves, cendres et fumées. Les météorites bombardent. La croûte terrestre s'est déjà refroidie : de vastes radeaux de roches – les futurs continents – entament leur majestueuse dérive sur le magma en fusion du manteau. Durant les 500 millions d'années que le globe a vécus, les cratères ont expulsé des quantités phénoménales de gaz et de vapeur d'eau. Une atmosphère s'est formée, composée d'azote et de gaz carbonique (presque pas d'oxygène), avec un peu de méthane et des acides ; nous n'y respirerions pas !

L'abaissement de la température a permis à la vapeur d'eau de se condenser en pluies. Déluges fondateurs... Des torrents ont ruisselé vers les creux pour créer des mares, des lacs, des mers – et les premiers océans.

C'est alors que le miracle s'accomplit.

Le balbutiement de ce qui sera un jour éponge, insecte, poisson, mélèze ou *Homo sapiens*.

La vie possède deux attributs essentiels : nutrition et reproduction. Pour se bâtir et exister (Spinoza dirait : « persévérer dans son être »), la cellule puise de l'énergie chimique ou lumineuse dans son milieu, et la transforme en énergie biochimique (en glucose). Elle utilise cette puissance pour accrocher les uns aux autres des acides aminés, afin de bâtir des protéines. La synthèse de ces dernières s'effectue selon un plan – le code génétique – inscrit dans de longues chaînes de nucléotides, les acides nucléiques (désoxyribonucléique A.D.N. ou ribonucléique A.R.N.). Lorsqu'elle se reproduit, la cellule copie (« réplique ») son A.D.N. C'est ainsi qu'elle transmet son hérédité. Elégant, simple, efficace.

Au début du processus, on se retrouve devant une impossibilité logique. D'un côté, les acides nucléiques règlent la synthèse des protéines ; de l'autre, des protéines (les enzymes polymérases) sont nécessaires pour copier les acides nucléiques. Qui vient en premier : l'acide nucléique ou la protéine ? Ainsi se pose – à sa vraie place, voici quatre milliards d'années – l'agaçant problème de l'œuf et de la poule.

Forcément, quelque chose incarne alors les deux à la fois... La science soupçonne que ce composé Janus est un ribozyme. Nous devrions la vie à cette molécule ambiguë, qui n'a même pas sa statue sur la place du village ! Le ribozyme incarne nos ultimes grand-mère et grand-père confondus. C'est l'ancêtre commun de l'ovule et du spermatozoïde : ce bizarre matériau nous a créés, comme il a produit l'ours, le saumon, le bouleau, mais d'abord ces bactéries thermophiles que je contemple au creux de la caldeira d'Uzon. Platon avait raison de supposer, dans *Le Banquet*, que nous sommes tous la moitié d'un hermaphrodite originel : la force qui nous incite à chercher notre complément perdu s'appelle « amour ». Quel Pindare, quel Ronsard du XXIe siècle composera une *Ode au ribozyme* ?

A la fois l'œuf et la poule...

Mais où se cache la matrice de la vie ?

Grâce aux volcans, à la foudre et au Soleil, la soupe des origines élabore à foison des acides aminés et des nucléotides. En pleine mer, ces molécules sont trop nombreuses, trop réactives, trop exposées pour se coordonner en chaînes de protéines et d'acides nucléiques stables. Elles ont besoin d'une forme, d'un moule, d'un nid.

Là est la question : où fut le nid du vivant ?

Dès le XIXe siècle, Darwin imagine « un petit étang tiède », quelque chose comme un lagon tropical. Cette hypothèse garde des partisans. D'autres localisent l'apparition des cellules dans les geysers, les camps de basalte ou de pyrite, les embruns de la mer ou les sources hydrothermales profondes des océans... Certains spécialistes émettent une autre théorie : que la vie fut « ensemencée » depuis l'espace, par des comètes ou des météorites.

L'idée la plus séduisante fait appel aux sources chaudes et aux mares boueuses des caldeiras comme Uzon. Là se trouvent à la fois l'eau, l'énergie et les composés chimiques de base ; ainsi qu'un matériau singulier, étonnant, incroyable, bourré de qualités et de pouvoirs : l'argile... L'argile fut peut-être le moule. On pourrait imaginer la précellule (ou prébionte, ou coacervat ; louons les mots bizarres !) comme une bulle colloïdale (la future membrane cellulaire), emprisonnant et protégeant un cœur de ribozyme. Tel serait le mystère primordial...

Moi, le mécréant, je me plais à penser que l'argile serait à l'origine des êtres... Cette argile biblique que, selon la Genèse, Yahvé utilisa pour pétrir Adam... Je plisse les yeux. Je me délecte de la splendeur de la caldeira d'Uzon au soleil couchant.

Lent retour vers la maison bleue. Salut au garde. Discussion rêveuse avec les équipiers. Décollage en hélicoptère, dans les ors et les rouges du crépuscule. Nous descendons vers le camp Kronotski. A la tombée de la nuit, le lac semble bordé d'un trait d'argent. Tel un mirage... Je me demande pourquoi – et pour qui – la Terre choisit d'être si belle. *A priori*, rien ne l'y contraint. Elle pourrait se préférer moche. Quelle est la signification de cette ruse des atomes ? J'en appelle à Démocrite, Epicure et Lucrèce ; à Rutherford, Einstein et de Broglie. Nulle réponse...

Je me dirais (si j'étais religieux) que Dieu créa le monde en harmonie pour mettre à l'épreuve la sagesse humaine. Adam et Eve croquèrent la pomme et furent chassés du jardin d'Eden.

Les six milliards d'*Homo sapiens* modernes désobéissent au simple bon sens de façon tout aussi irresponsable et provocatrice. Il s'ensuivra une autre punition. Nous serons maudits, bannis, derechef éjectés du paradis terrestre...

Trouverons-nous une autre planète où gagner notre pain à la sueur de notre front ?

Il fait nuit lorsque nous nous posons près du camp Kronotski. La corneille à gros bec croasse une strophe de Lucrèce... Nous filons vers les cabanes et les tentes. Chacun son tour jouit du bain russe. Rassemblement au réfectoire : saumon en sauce, pommes de terre et lourdes plaisanteries... J'ai remarqué que la splendeur des paysages produit deux effets contradictoires sur les humains. Tantôt, elle les exalte et les transmue en poètes. Tantôt, elle les persuade si fort de leur sentiment de n'être rien, qu'elle les jette sur le terrain de l'absurde, du non-sens, de la grosse connerie ou de l'obscénité. Du genre :

« Là-bas, ça ressemblait à un cul de femme ! Deux collines en forme de fesses, et une forêt au milieu... »

Rires gras, sauf des femmes.

24. EN MONTGOLFIÈRE SUR LES ÉTANGS

Matin d'automne, parfum d'hiver.

Pâle soleil entre les nuages. Le sommet enneigé du mont Kronotski brille par intervalles, quand le vent lève un rideau de brume. Petit déjeuner rouge (caviar de saumon), blanc (fromage russe) et gris (pain bis riche en gluten, énergétique et plutôt bon).

« Au fait, demande (la bouche pleine) Nicolas Hulot à Galia Namjilova, nous savons maintenant que nous devrions dire LA Kamtchatka ; au féminin... Mais quelle est l'origine du nom même ?

— Il pourrait dériver de celui d'un explorateur, le cosaque Ivan Kamtchitkoï, qui vint ici au début du XVIIIe siècle, dans la foulée de son compatriote Vladimir Atlassov, lequel construisit un fort sur la côte en 1696.

— A moins, reprend Evgueni Lobkov, que ce ne soit une déformation du sobriquet peu révérencieux dont les Koriaks affublaient leurs voisins Itelmènes et Evènes : les « Kamtchitki » – les « Ebouriffés »...

— Troisième hypothèse, sourit Nathalie Galoub, le terme serait calqué sur le patronyme du légendaire chaman Komtchitkoï...

— Comme d'habitude, marmonne Georges Bosio, on n'en sait rien et on appelle cela la “science”.

— Georges a raison, dis-je, les plus beaux discours cachent les plus grandes ignorances. »

Ma formule, un tantinet « intello », déclenche un murmure moqueur, que calme un verre de vodka servi par un mécanicien russe. Rien ne vaut, de bon matin, une lichée de tord-boyaux pour redonner confiance en la philosophie universelle.

Vincent Dupuis passe la tête à la porte du réfectoire.

« La montgolfière est dans l'hélicoptère, dit-il. Ballon, nacelle et bouteilles de propane. Ne reste plus qu'à tout assembler sur place. Si le vent continue de vouloir être aussi doux, nous pourrons décoller sans problème et survoler la caldeira d'Uzon. Nous serions les pionniers de ce voyage ! »

Les traits fins, l'œil et le cheveu noirs, l'air rêveur, Vincent Dupuis est obsédé par la passion dont il a fait un métier : voyager en ballon à air chaud. Dès qu'il sort, il lève le nez pour capter la brise. Il étudie les nuages, les strates de l'atmosphère, la moindre brume, la plus légère fumée. Il jauge le sens et la force des courants aériens presque aussi bien qu'un oiseau.

Vrombissements de rotors : direction Uzon. Nous franchissons les immensités de lave et de rocs ocre et jaune qui nous séparent de la maison bleue dans son nid d'herbes d'or. Nous passons les étangs colorés et la rivière Choumnaïa. Nous nous posons sur le flanc sud-est de la caldeira. Débarquement du matériel. Le vent, léger (moins de 5 nœuds) comme il convient aux vols libres, est orienté au nord-est. Il devrait nous permettre de franchir la cuvette d'un bord à l'autre.

Vincent Dupuis fixe le panier d'osier à l'enveloppe du ballon. Etalée dans l'herbe, encore flapie, celle-ci semble pitoyable. Bouteille de propane branchée ; robinet ouvert ; coup de briquet : la flamme fuse. Souffle chaud... On dirait un cachalot qui fait surface. La montgolfière prend forme. La gestation est timide, ondulatoire et bulleuse. Puis la grossesse se confirme. Le ventre devient glorieux, rond, planétaire. Le ballon se lève à la verticale et tire sur ses amarres. Il n'a plus qu'un désir : partir.

Cette montgolfière à deux places est un bijou d'engin volant identifié. Son enveloppe jaune et bleu semble avoir volé l'or et l'azur d'un ciel d'automne au Kamtchatka. Vincent Dupuis vérifie le débit du brûleur et les cordes d'attache. Il embarque dans la nacelle avec Nicolas pour un essai. Exhalaisons chaudes, amarres larguées, saluts de la main : le ballon file. Atterrissage quelques centaines de mètres plus loin. Parfait !... Dégonflage, retour du matériel, remontage, regonflage.

Et c'est à nous !

Nicolas Hulot pilote, je suis son passager. Nous grimpons dans le panier : douceur de l'osier sous la main. Nos micros H.F. sont branchés. Durant ce vol, j'ai pour mission de dire quelques phrases – si possible intelligentes – sur l'évolution de la vie à partir des mares bouillonnantes où elle est née. Un cadreur en hélicoptère et deux autres à terre filment notre voyage. Eric Minvielle fixe une caméra miniature automatique sur une corde, à la hauteur de nos têtes, de façon à capter des gros plans.

« Paré ?

— Paré...

— Envoyez ! »

On se croirait à la manœuvre sur un voilier, sauf qu'il n'y a pas de voile ; et rien à faire, sinon allumer ou éteindre le brûleur pour monter ou descendre. Saluts de la main : le vent nous emporte, le ballon escalade l'atmosphère. On ne perçoit aucun courant d'air puisqu'on avance avec le fluide. On se retrouve du côté des oiseaux. On participe de l'élément aérien. Je comprends par mes cinq sens la devise de Chateaubriand, dans les *Mémoires d'outre-tombe* : *« Sicut nubes... quasi naves... velut umbra. »* « Tel le nuage... ainsi que le navire... comme l'ombre. »

L'immensité de la caldeira... Les crêtes brun, beige et jaune qui bornent le système évoquent les trois murailles concentriques – d'airain, d'orichalque et d'or – de l'Atlantide. Le fond de l'entonnoir fume. Les vapeurs se tordent au-dessus d'un bariolage vert (cèdres des ours), rouge (airelles, busseroles, camarines) et jaune (mélèzes, bouleaux, graminées). Le réseau aquatique évoque les organes d'un abdomen. Les étangs, de toutes formes et de toutes tailles, sont unis par des ruisseaux et des canaux qui paraissent des nerfs ou des vaisseaux sanguins. Ils resplendissent de mille teintes – du lait au grenat ou au cobalt, en passant par les roses, les mauves, les topazes, les turquoises, les aigues-marines, les jades, les saphirs. Impossible de ne pas se représenter des pierreries : sortilège dicte comparaison... Si j'avais le tempérament religieux, je louerais le Créateur pour cette harmonie. Je rends grâces aux énergies. Je remercie les particules élémentaires. Mon poème en appelle à Démocrite et à Lucrèce. Qui refusent encore de répondre.

Nicolas Hulot me « lance » sur l'évolution de la vie. Nul besoin d'aiguillon. Du haut des airs, je vois se dérouler les époques de la nature.

Après les archéobactéries, satisfaites de barboter dans la chaleur acide des mares originelles, voici les vraies bactéries. Puis des micro-organismes munis de chlorophylle, qui ne tirent plus leur énergie de la chimie du soufre ou d'autres composés, mais des rayons du Soleil – des photons, des *quanta* de lumière. Ces bactéries photosynthétiques et leurs filles, les cyanobactéries (ou algues bleu-vert), se voient assigner une tâche essentielle : exploiter le gaz carbonique de l'atmosphère, en extraire le carbone pour synthétiser des sucres et recracher de l'oxygène. Non seulement l'air devient respirable, mais un bouclier d'ozone se forme autour de la planète et protège les vivants contre les rayons cosmiques mortels.

Pendant trois milliards d'années, la vie n'est qu'océane et minuscule. Elle prépare les conditions favorables aux plantes et aux animaux, d'abord unicellulaires, puis multicellulaires. Voici 1,5 à 1 milliard d'années, une invention décisive modifie la donne : le sexe, grâce auquel la reproduction n'est plus un clonage, une simple copie conforme, mais suppose un échange de gènes qui aboutit à un individu unique, différent à la fois de sa mère et de son père. Formidable accélération de l'évolution...

Du côté végétal, apparaissent les algues – les rouges, les colorées, les brunes et les vertes, dont un rameau conquiert la terre ferme à l'ère primaire, sous forme de mousses, bientôt de fougères puis de fougères à graines, enfin de gymnospermes (cycas, conifères). Au secondaire (au crétacé, voici un peu plus de 100 millions d'années, sous la monarchie dinosaure), triomphent les plantes à graines cachées, ou angiospermes. Les authentiques plantes à fleurs. D'abord, le magnolia. A la fin : l'iris de Sibérie.

Les champignons – princes de l'ambiguïté – ont un pied dans chaque règne. Ils relèvent à la fois de la botanique et de la zoologie.

Chez les animaux, après les unicellulaires (les protozoaires), on voit défiler les pluricellulaires (les métazoaires). Les éponges, puis les cœlentérés (méduses, anémones de mer, coraux)... Le début du primaire constitue un temps de folie, où s'essaient des lignées abracadabrantes, biscornues, dignes des *Métamorphoses* d'Ovide ou des peintures de Jérôme Bosch ; avec des hallucigénies, des wiwaxies et des anomalocaris qui feraient frissonner le monstre d'*Alien* !

Les vers (plats, ronds, annelés, etc.) marquent un progrès décisif : ils ont un embryon à trois couches cellulaires, et non deux, comme chez les espèces antérieures. (Dût en souffrir notre orgueil, l'homme est plus proche du ver que celui-ci ne l'est de la méduse ; le

Dieu qui nous pétrit à son image fut peut-être un lombric.) Les vers ont pour descendants les mollusques (moules, escargots, pieuvres), les arthropodes (crustacés, araignées, myriapodes, insectes) et les échinodermes (lis de mer, oursins, étoiles de mer).

Parmi ces derniers, un groupe mineur, dans lequel on classe une espèce de boudin cornu baptisé *« Pikaïa »*, invente les animaux munis d'une corde nerveuse dorsale : les chordés. Lesquels deviennent vertébrés, poissons sans mâchoires (agnathes) puis vrais poissons (cartilagineux, cuirassés, osseux). Il y a 370 millions d'années, certains poissons osseux à nageoires lobées, cousins des cœlacanthes, acquièrent quatre pattes et sortent de l'eau sous l'apparence de l'ichtyostéga ou du toulerpéton. Ainsi rampent les amphibiens, ou batraciens. Les pères des reptiles.

Qui engendrent les oiseaux.

Et les mammifères.

Et moi, et moi, et moi...

Je me délecte de cette Genèse biochimique. Je me la représente au Kamtchatka. Ces quarante millions de siècles d'évolution m'emplissent à la fois d'humilité et de vanité. D'un côté, je ne suis rien : *Pikaïa* eût-il achevé son destin dans l'estomac d'anomalocaris, le féroce prédateur de l'époque, que je n'aurais jamais existé. D'autre part, je suis la seule bête capable d'écrire sa propre histoire, et de se demander si elle a un sens.

Un aigle royal plane vers le sud.

Nicolas actionne le brûleur : la montgolfière volait trop bas. Elle reprend de l'altitude et saute une haie de bouleaux. Nous traversons un nuage de fumerolles gris-bleu, âcres à respirer, avant de longer un étang rose bonbon. Nouveau coup de brûleur, montée, descente, recommencez ! Ce vol de pinson au ralenti m'est un enchantement. Je me métamorphose en gamin dans un manège de foire.

« On va s'amuser ! annonce Nicolas.

— A quoi ?

— Toucher, décoller... »

Le ballon perd de l'altitude au-dessus d'un camp de gadoue sèche, entre deux bosquets de bouleaux. La nacelle approche du sol, le rase, le heurte, le racle : coup de frein brutal. Mais les lois de l'aérodynamique sont telles que cela redonne une vigoureuse force ascensionnelle à l'engin, qui bondit vers le ciel et passe par-dessus les arbres.

« On recommence ! » dit Nicolas.

C'est si bon de redevenir enfant ! L'homme est le seul ver de terre amoureux des étoiles qui fasse aussi du toboggan à la kermesse.

Deuxième « toucher, décoller ». Nous tapons la glaise, mais la remontée est moins vive ; à moins que les arbres ne soient plus proches... La nacelle accroche les frondaisons. Craquements de branches, cinglements de feuilles. Coups de brûleur d'urgence : le ballon dégage. Nous éclatons de rire quand nous dominons à nouveau les bouleaux et la situation. Les seuls dégâts concernent la caméra automatique. Elle a été arrachée.

Nous décidons d'atterrir pour récupérer ce gadget. La montgolfière file vers une étendue d'herbe jaune. Le panier touche le sol et se couche. Nicolas actionne la corde de vidange de l'enveloppe, qui s'aplatit, gondole et s'affale. Nous finissons dans la position peu glorieuse, mais normale, de l'aéronaute au bout de son voyage : à plat ventre, le museau dans l'herbe. Nous nous extrayons de l'osier et nous partons en quête de la caméra. J'ai localisé le lieu de l'incident, je la retrouve assez vite. Elle a l'air en triste état. Le soir, au camp, Eric Minvielle – le magicien du tournevis miniature – réussira à récupérer la cassette, et même à réparer l'ensemble.

Au moment où, près de la montgolfière flapie, nous rejoignons Christophe Kenck qui nous filme, j'entends des craquements. Une grande silhouette brune et deux petites disparaissent dans les buissons.

Nous avons ramassé la caméra à quelques mètres de l'ourse d'Uzon et de ses oursons.

Clin d'œil de Nicolas Hulot. Christophe se tapote la tempe en murmurant :

« Ici, tout le monde devient dingue ! »

Dans l'herbe, gueule ouverte, l'enveloppe du ballon semble sourire.

25. LES COLÈRES DU KARIMSKI

Nuit noire, ciel d'étoiles. La Grande Ourse, la Petite Ourse et les ours dialoguent.

Se lève un vent glacial du pôle. Dans la cabane où le poêle a rougi, il fait bon. Sous leur tente, les équipiers grelottent. En sortant du dîner, Georges Bosio a gémi qu'il mourrait avant l'aube. Patrice Aubertel lui a promis des funérailles nationales. Une délégation russe est arrivée, porteuse d'une bouteille de vodka, laquelle a provoqué un réchauffement climatique local indépendant de l'effet de serre. Des rires ont conclu, Georges a consenti à reporter son décès à une date ultérieure.

Dans mon sac de couchage, je relis, à la torche, le seul journal que j'ai réussi à conserver jusqu'ici : un magazine désormais vieux de trois semaines. Je coche les cases d'un test de mémoire auquel j'ai oublié que j'ai déjà répondu à Moscou. Je m'endors. Je rêve que je vole. Je suis un aigle de Steller ou une grue de

Mandchourie. Je franchis des caps et des baies, je gagne le détroit de Bering, je traverse l'océan Glacial, je me pose sur la banquise du pôle Nord, d'où je contemple le ventre rond de la Terre.

La planète féconde...

Au matin, le mont Kronotski s'habille de brumes et de nuances grises. Un chapeau de nuages le coiffe, mais de travers : le canotier de Maurice Chevalier... Deux rais de cuivre annoncent le soleil, qui sort à 8 h 30 de derrière le volcan ; mis en scène par Méliès...

Au programme de la journée (outre l'aspirine pour ceux qui, hier au soir, ont exagéré leur réchauffement climatique personnel), figure une autre mission en ballon sur la caldeira d'Uzon. Mais le vent souffle trop fort pour un batifolage en montgolfière. A la place, nous irons étudier les volcans Semiatchik et Karimski.

Préparatifs, vrombissements, décollage, vol en couple d'hélicoptères. La taïga reste sublime - jaune et rouge à galons verts, avec un plan lointain de cônes ocre et grenat poudrés de neige. Les bouleaux, les mélèzes et les épinettes frissonnent. Un élan noir broute dans un marécage. Une harde de rennes traverse une clairière. Sur une colline, une meute de loups se concerte.

Nous survolons un torrent tumultueux, qui sinue sur un champ de lave brun-rouge et plonge soudain de trente mètres de hauteur : la cataracte écume dans une vasque ronde, teintée de jade, au-dessus de laquelle un arc-en-ciel s'est pendu. Les hélicoptères vont et viennent pour les besoins du cinéma.

Nous montons vers les volcans.

Les deux Semiatchik – le Bolchoï (le « Grand ») et le Maly (le « Petit »), auxquels il faut ajouter le Central – forment, avec le Karimski, un complexe géologique titanesque. Des fossés d'effondrement érodés s'y hérissent de cônes d'âges variés, les premiers antérieurs à Neandertal et Cro-Magnon, certains contemporains de Jules César, d'autres de Pierre le Grand, les derniers de la station Mir. Le Bolchoï Semiatchik culmine à 1 720 mètres. Une immensité de bosses et de pains de sucre de lave, de ponces et de cendres ; des falaises, des pitons, des créneaux, des tourelles ; des vallées sinueuses où gargouillent des rus charbonneux ou lactescents... Les ocres et les jaunes dominent, mêlés de roux, de brun, d'argent, de gris. La plupart de ces extrusions, m'apprend Nathalie Galoub, sont alcalines et calcaires (« calcalines », dit-elle). Avec, çà et là, des picots d'andésite, des « spécialisations » de sodium et des aires chargées d'aluminium... Le décor de la terre confine au baroque. L'alchimiste qui officie devant l'athanor ne craint aucun excès.

Nos hélicoptères paraissent moucherons sur ce chaos. Selon les angles, j'aperçois au loin le cône du Kronotski ou les lignes brisées de la caldeira d'Uzon. Nous descendons une vallée, nous en remontons une autre, nous franchissons une planèze. Nous nous hissons vers une ligne brisée de crêtes. Nous passons un dièdre, puis une arête aiguë : et notre appareil se retrouve suspendu au-dessus d'un lac d'un incroyable turquoise. Les fesses serrées mais l'âme subjuguée, je contemple...

Le Maly Semiatchik – puisque c'est lui ! – juxtapose plusieurs cônes éruptifs. L'un d'eux (le Troitski) retient ce réservoir liquide en forme d'amande, long de 700 mètres, dont la teinte relève du poème ou de la mythologie navajo. Cette mixture est tiède (32 °C). Elle recèle des métaux lourds toxiques (nickel, antimoine, cadmium, plomb, cobalt, cuivre...), des sels (32 grammes par litre, à peu près comme l'eau de mer) et des acides (sulfurique, chlorhydrique, nitrique, carbonique...) qui en font un bouillon d'enfer : un pH de 0,7 ; pour ainsi dire, de l'acide pur !

Après avoir frôlé la cime (1 560 mètres), nous effectuons le tour des falaises : un millefeuilles de laves, de ponces et de cendres noir, ocre, jaune, brun, rouge... L'odeur de soufre et d'hydrogène sulfuré devient suffocante. Gil Kébaïli avait concocté l'idée de nous faire atterrir, gagner la rive et naviguer sur le lac en canot pneumatique, ainsi que Maurice Krafft l'avait fait au Kawa Idjen, à Java. Nous avons testé notre embarcation ce matin : Pierre Lenormand et Damien Chatard y ont repéré des points faibles qui nous ont rendus sages. Nous ne pagayerons pas sur ce vitriol. Mieux vaut pour l'intégrité de nos pieds, de nos cuisses, de nos fesses, alouette ! (Imaginons-nous sur le bassin ; une fissure dans le caoutchouc : l'acide monte. Nos orteils grésillent, nos jambes sont rongées, le calcaire de nos os fait des bulles. L'épisode est charmant, mais ça chatouille...)

Nous survolons un moment le lac turquoise comme si, de façon inconsciente, nous regrettions d'échapper au supplice. Masochisme ? Syndrome de Stockholm ? Le géologue aime le volcan qui peut le tuer, de même que l'otage finit par épouser la cause de son ravisseur.

Nous laissons les deux Semiatchik. Direction : le Karimski, l'autre personnage, la troisième Grâce de la contrée. Nous tournons autour de sa caldeira, vieille d'environ sept mille ans. Un lac bleu saphir – au contenu moins agressif que celui du Maly Semiatchik – la décore. Des sources hydrothermales et des marais lui composent un chapelet scintillant vers l'est. Au nord, j'examine les restes arasés du volcan Dvor, un frère siamois qui explosa. Le cône du Karimski se profile, fier, sombre, austère, tel un totem géant. Il domine un plateau minéral dont l'or des bouleaux rehausse la noirceur.

Nous atterrissons près d'une cabane de bois bleue, sœur de celle d'Uzon, et où nous attend un garde de la réserve. Non loin, dévale un torrent boueux. Chacun de nos pas lève un nuage de poussière. Tout est couvert – maculé et exalté – par cette cendre. La végétation n'en a que plus de mérite. Entre les bouleaux et les saules, pointent des graminées, des laîches, de fins roseaux, des iris de Sibérie, des rosiers sauvages en fruits ; des armoises parfumées ; des épervières et des séneçons aux capitules jaunes encore épanouis...

Sans oublier de vieux amis à moi : les épilobes à feuilles étroites... Ces plantes, qu'on baptise aussi « lauriers de saint Antoine », croissent dans les montagnes de la zone subarctique, depuis l'Alaska jusqu'à la Scandinavie et à la Sibérie. Elles excèdent la hauteur d'un homme. Leurs épis roses sont sceptres de gloire. Leurs fruits mûrs (comme en ce moment) s'allongent en barbes bouclées ; on dirait des cheveux d'ange... Les Américains nomment l'espèce *fire weed* (« herbe du feu ») parce qu'elle joue un rôle pionnier : elle recolonise les forêts détruites par les incendies. Je suis bêtement heureux de caresser cette fleur de mon enfance. Je songe à mon hameau de Tincave, en Savoie. Le même végétal honore le Kamtchatka et les Alpes. Ce sentiment de l'unité du monde par la médiation des corolles s'aiguise lorsque je découvre des sabots-de-Vénus en fruits, dont j'imagine les labelles roses à stries pourpres – chaussons à l'usage des lutins.

Dans une flaque de boue sèche, un ours a laissé ses empreintes.

Je reviens à la cabane. L'équipe observe, sortant de sous le plancher, deux rongeurs vifs et grassouillets. Ces animaux sont des spermophiles, ou sousliks. Plus petits que les marmottes, leurs cousines des Alpes ou de l'Himalaya, ils en possèdent le corps en barrique, le doux pelage gris-brun et les longues incisives orange. Ceux-là ne craignent pas les humains : la réserve Kronotski les protège. Ils acceptent sans barguigner les bouts de pain que nous leur offrons, et filent sous l'isba les ajouter à leurs réserves.

Je regarde vers le haut. « Boum !... »

Le Karimski est actif. Il cogne. Il pète. Il chahute, fulmine, éructe, crache et retentit. Ses éruptions se produisent toutes les six à sept minutes, avec la ponctualité d'Emmanuel Kant à Koenigsberg (l'esprit ricaneur suggère que les concepts du philosophe et du volcan sont également fumeux). Pour l'heure, il s'agit de manifestations mineures, phréatiques (aquatiques) et non pyroclastiques (animées par le « feu qui casse » – autrement dit le magma). L'eau de pluie ou de neige s'infiltre dans le sol, descend vers la chambre chaude, se vaporise et remonte par la cheminée, avant d'exploser au-dehors. Nuées noires, blocs, ponces, cendres et vapeurs... Des centaines de tonnes de matériaux sont expulsées à chaque colère.

« Boum !... »

Haut de 1 536 mètres, le Karimski incarne un dangereux citoyen. C'est l'une des bouches les plus rageuses de la péninsule. Il a connu vingt éruptions majeures en deux siècles. Quand il s'énerve pour de bon, il connaît des paroxysmes qu'on qualifie de « vulcaniens-stromboliens ». Les pires, puisqu'ils se terminent en cataclysmes... Les volcans de ce type expulsent une lave andésitique, très visqueuse, qui se solidifie à l'intérieur de la cheminée, fait bouchon et emprisonne sous elle des quantités colossales de gaz sous pression. Tôt ou tard, la cocotte cède ou son couvercle saute...

Une fissure bée et lâche une nuée ardente qui dévale la pente à 1 000 kilomètres/heure, à une température voisine de 1 000 °C. Rien n'y résiste.

A moins que le sommet de la montagne ne se pulvérise dans un fracas d'apocalypse, en libérant un nuage qui monte jusque dans la stratosphère, tourne autour de la Terre, obscurcit le ciel et modifie pour des semaines ou des années le climat du globe...

26. LE GRAND TAPIS ROULANT

Une montée aux Enfers...

C'est ainsi que je me représente notre ascension au Karimski. Les hélicoptères se hissent à la force des rotors au-dessus d'une immensité de lave grise, sèche, fissurée, cordée, ridée comme un vieux ventre (paradoxe : il s'agit d'une naissance, d'une mise au monde de la Terre). De haut, on réalise la puissance du phénomène : tout est titanesque, disproportionné, incommensurable.

Nathalie Galoub précise que le Karimski vomit en moyenne, chaque année, 10 millions de tonnes de matériaux d'une densité de 1,7. Soit un volume d'environ 6 millions de mètres cubes. Un pavé large et haut de 100 mètres, et long de 600 !

Nous dépassons la cime. Le cône s'achève en double cratère. Nous attendons à prudente distance. Et « boum ! » L'explosion... Six à sept minutes se sont écoulées. Le plus petit des orifices jumeaux expulse un panache de pierres, de cendres et de suies, dont on dirait qu'il s'élève au ralenti. Les blocs et les ponces décrivent une parabole et retombent en crépitant sur la montagne. Les cendres et les fumées continuent de monter, tel un champignon atomique. Les volutes s'enroulent les unes aux autres, se tordent, gonflent comme un univers en expansion.

Dans la carlingue, Nicolas et moi sommes prêts. Le Dr Michel Cadot nous a bidouillé un dispositif de sécurité. Nous enfilons un baudrier. Grâce à un mousqueton, nous nous assurons à une corde, elle-même amarrée à une (j'espère solide !) barre intérieure.

Nous nous plaçons devant la porte coulissante. Déblocage de la poignée. Ouverture...

La lumière et le vent s'engouffrent. Le fracas des tuyères et des rotors devient furieux. L'air nous fouette. Sous l'engin, 1 000 mètres de vide ; de « gaz », comme disent les varappeurs... Je me penche. Plaisir et tremblement... Tout en bas, les fleuves de lave figée dessinent des labyrinthes dans la caldeira. Droit devant, le cône du Karimski, encore empanaché de fumée, prépare sa prochaine éruption. L'austérité des minéraux, la splendeur des extrusions, la pureté des aiguilles d'andésite, l'architecture organique du massif : tout émerveille et donne le frisson. Au nord, je repère les deux Semiatchik, le Kracheninnikov et le Kronotski ; plus loin, le Kizimène, le Kamène et le Klioutchevskoï. A l'horizon du sud, je distingue l'Avatcha et le Koriakski, blancs de neige entre les nuages.

L'hélicoptère vrombit, vibre, oscille dans le fluide atmosphérique. Je ne crains pas le vertige, mais le sentiment d'instabilité, de péril, de mort imminente, accroît mon excitation. Nœuds au ventre... Picotements dans les reins... Décharges d'adrénaline... En un mot, le bonheur ! L'idée me trotte dans la tête que, si je sautais, je volerais comme l'oie sauvage. Nicolas formule une pensée plus concrète. Il regrette de ne pas avoir apporté un parapente : il se lancerait. Il imagine sa trajectoire, là, en spirale, le plus près possible du volcan, jusqu'aux ondulations de lave, puis à la cabane de bois bleue qu'on devine entre les bouleaux. Nicolas affirme que ce vol serait le plus beau de sa vie. Georges Bosio marmonne qu'il finirait dans la gueule du dragon.

Grâce à la caméra Wescam, Patrice Aubertel filme le volcan, puis nous-mêmes à la porte de l'hélicoptère. Nous nous penchons davantage, à la fois pour donner le frisson au téléspectateur et parce que nous aimons ça. Gil Kébaïli, une caméra à l'épaule, nous cadre depuis l'intérieur de l'engin. C'est lui qui prend le plus de risques : une embardée, et il volerait dans le « gaz » ! Je le lui dis. Il rit. Michel Cadot l'attache d'autorité.

Le moment est venu : j'entame mon exposé sur la tectonique des plaques. Je décris la machinerie de la Terre. C'est un plaisir que d'en parler, sinon aux anges, du moins aux diablotins de cet enfer céleste qui nous accueille. Et « boum !... » Tout explose derechef. J'explique la structure du globe, avec sa graine hyperdense, son noyau lourd, son manteau plastique et sa mince croûte solide. Je rappelle que d'énormes courants de convection montent à travers le manteau et viennent lécher la surface en des lieux qu'on nomme « points chauds ». Ces flux formidables provoquent des entailles, des fissures d'où jaillit une lave fluide et basaltique (comme à Hawaii, en Islande ou à la Réunion : on parle de « volcans rouges »). Ainsi s'ouvre et travaille la dorsale médio-océanique, le moteur du grand tapis roulant de la planète. La croûte se partage en radeaux qui dérivent à la surface en fusion (asthénosphère) du manteau. L'Acadien songe au Grand Dérangement.

Les plaques tectoniques qui se séparent d'un côté se télescopent nécessairement de l'autre. Quand elles se percutent de plein fouet, comme l'Inde et l'Asie, elles provoquent l'érection de chaînes de montagnes : ainsi grandit l'Himalaya. Il arrive aussi qu'un radeau glisse sous l'autre et s'enfonce dans le manteau, en un mouvement appelé « subduction ». On voit alors surgir des boursouflures, des arcs insulaires, des péninsules dont le Kamtchatka constitue l'exemple : où nous sommes, la plaque du Pacifique plonge sous celle de l'Asie à la vitesse record de 10 centimètres par an. Le frottement engendré par cette translation fait fondre les roches. Le magma remonte par des failles. La lave qui s'extrude, visqueuse et andésitique, favorise les épisodes dramatiques – les nuées ardentes et les cataclysmes explosifs (on parle de « volcans noirs »).

J'ai assez joué les géophysiciens du dimanche dans le claquement des rotors. Je me tais. Je me borne à ouvrir les yeux. J'engrange, j'enfourne dans ma mémoire ce que je peux de splendeur sauvage. Je gave mes neurones de fumées et de cendres, de cônes et de cratères, de laves et de lacs acides ; avec des marécages coiffés de fumerolles, des geysers, des torrents, des falaises, des forêts, de la neige, des nuages, des aigles et des rennes.

Six à sept minutes se sont de nouveau écoulées. Et « boum !... » Cette fois, les volutes de fumée rappellent la silhouette d'un ours brun. Baudelaire parlerait de « correspondances ». Hasards de la matière, nécessités de l'énergie. Le Beau surgit du chaos : tel est le sens de la vie.

Le Kamtchatka : la terre des origines... Et celle de la philosophie !

Forcément, la descente paraît fade. Nous allons nous poser près de la cabane. Nos cerveaux sont pleins et nos estomacs vides. Il s'ensuit un casse-croûte d'affamés, avec pain, fromage et saucisson russe (rien de plus gras : le lard constitue les trois quarts de la tranche). Sans oublier le caviar de saumon et un dessert de pommes rouges. Le café de la Thermos. Et la lampée de vodka...

Nous voilà lestés. Nous pouvons roter – une modeste façon, pour l'homme, de devenir volcan.

Nouvel envol vers le mont Karimski. Prudents passages autour du cône ; approches circonspectes du double cratère : nul ne garantit la régularité des explosions. Or, elles sont monstrueuses... Sachant qu'il s'agit, pour l'heure, de « petites » éruptions phréatiques, on imagine la violence du phénomène quand le magma lui-même emprunte la cheminée.

L'après-midi, nous remettons le cap sur le Maly

Semiatchik, afin d'observer de plus près le lac acide bleu turquoise.

Puis nous rallions la caldeira d'Uzon, où nous nous posons pour une étude de la flore. Je chemine entre les étangs multicolores et fumants. Je traverse un camp de bouleaux, de saules et de graminées, vers un bosquet de mélèzes et de pins nains. Entre le Pot Central et le Pot Bouillant, je déniche de petites fougères, des lichens, des mousses et des algues vertes filamenteuses de la famille des spirogyres. Je finis à quatre pattes dans la gadoue, la loupe à la main, en train d'observer à même le sol des amas gélatineux gros comme l'ongle : des algues bleu-vert, du groupe des nostocs. Je viens de parcourir, à l'envers, le cours complet de l'évolution des végétaux. Du plus récent (la plante à fleurs) au plus ancien (l'algue bleu-vert). Du plus complexe au plus simple. Une remontée. Une anabase.

Le stade encore antérieur, celui des débuts de la vie, est représenté par les bactéries thermophiles. A quelques pas du lac Chlorhydrique, devant une source hydrothermale bouillante où dansent des filaments gris de ces micro-organismes coloniaux, je me dis que je suis parvenu au terme de mon rêve. Je me remémore Lucrèce. Je me réfère à Lamarck. Je convoque l'ombre de Darwin. Je m'assois sur un dôme d'argile rose. Je ferme les yeux. Je laisse aller ma mélancolie. Je libère mon spleen. J'ai conscience, de façon douloureuse et délicieuse à la fois, de n'être rien dans un instant fugace. Je n'incarne qu'un point d'énergie dans le théâtre du monde : à peine allumé, déjà éteint.

Je n'ai pas plus de valeur que le bouleau, le

mélèze, la fougère, la mousse, l'algue verte, l'algue bleu-vert, la bactérie thermophile. Qu'importent les molécules dont je suis pétri ? Demain, je serai disloqué, démembré, décharné, désossé, dissous, décomposé. J'aime croire que, au hasard de l'espace et du temps, des parcelles de moi-même iront renforcer la matière d'un pétale de fleur, d'une écaille de saumon, d'un poil d'ours ou d'un rocher du détroit de Bering, sur lequel se reposeront l'otarie callorhine et le goéland du Kamtchatka.

J'ouvre les yeux. Perchée comme moi sur un monticule d'argile rose, la corneille à gros bec me dévisage.

Je ne suis qu'un reflet dans son regard jaune.

27. BROUILLARD, PLUIE ET VODKA

Ce matin, au réveil, pas de corneille à gros bec sur le bouleau, devant la cabane. Preuve que tout ne va pas pour le mieux...

La météo se gâte. Le brouillard envahit le lac et la forêt. Tombe une pluie froide. Inutile d'espérer le spectacle du lever de soleil sur le mont Kronotski.

Mais surtout, nous venons d'avoir au téléphone (par satellite) des nouvelles de l'équipe du nord. Pas terribles... Alain Tixier, Boris Chichlo, Thierry Naud et Odile Darmostoupe sont bien arrivés chez les Koriaks, après un long voyage en hélicoptère, puis en camion à chenilles. Ils ont tourné quelques séquences du film qu'ils veulent réaliser. Boris Chichlo a observé, dans un campement, l'ahurissant retour d'un culte chamanique qu'on croyait oublié : deux femmes ont mangé des champignons hallucinogènes (des amanites tue-mouches, riches en muscarine et autres psychotropes). Elles sont entrées en transes pour communiquer avec les esprits, dans la tradition des sorciers et des hommes-médecine de l'Ancien et du Nouveau Mondes. Scènes fascinantes.

Puis les choses se sont gâtées. En traversant une profonde rivière dans leur camion à chenilles, Alain Tixier et ses amis ne se sont pas aperçus qu'une malle emplie de cassettes vierges prenait l'eau. Lorsque Thierry Naud en a inséré une dans sa caméra, l'électronique a trempé ; des courts-circuits se sont produits ; des mécanismes ont rendu l'âme.

Or, rien n'est encore en boîte de ce qui devrait composer le fonds du documentaire : les rapports rénovés de l'homme et du renne. Abandonnés de tous après la faillite du régime soviétique, les aborigènes du Kamtchatka se retournent vers leur civilisation ancestrale. Ils déploient, dans cette aventure, un merveilleux instinct de survie. Ils font resurgir une civilisation, des techniques, un savoir-faire écrasés par des décennies de russification, de sédentarisation forcée et de collectivisation intensive. Sauront-ils, à l'exemple de leurs aïeux, tirer des cervidés l'essentiel de leurs ressources ? Ont-ils sauvegardé assez de connaissances sur la nature, les saisons, les pâtures, l'art du campement, etc., pour redevenir éleveurs et nomades au XXIe siècle ?

Alain Tixier et son équipe veulent répondre en images à ces questions. Cette panne de caméra est une tuile.

« Il faut sauver ce tournage ! lance Nicolas.

— Je le leur avais dit, ricane Georges Bosio. Ne vous mêlez pas de magie ! Ils ont bravé les esprits du

Kamtchatka : voilà le résultat... Leur caméra est ensorcelée, leur mission foutue !

— Mais non ! se récrie Gil Kébaïli. Ils vont réparer. N'est-ce pas, Ricky ? Tu vas leur trouver une solution...

— Euh !... »

Eric Minvielle, *alias* Ricky, passe à juste titre pour un magicien du matériel de prises de vues : en l'occurrence, lui seul pourrait contrer la sorcellerie des esprits koriaks. Mais effectuer le diagnostic et diriger la réparation (si c'est réparable...) à des centaines de kilomètres, et par téléphone satellite, ne sera pas une sinécure. Nous laissons le technicien à ses problèmes.

La pluie s'arrête, le vent s'apaise. Vincent Dupuis charge la montgolfière dans un hélicoptère. Si le brouillard se lève, nous pourrons peut-être voler par-dessus le mont Karimski. Vincent rêve de cet exploit... Est-ce bien raisonnable, ô Icare ? On peut en douter. Pour être phréatiques, les éruptions de ce volcan n'en sont pas moins capables de réduire en charpie un ballon, et des aéronautes en chair à pâté.

« Faites-moi confiance : ça devrait passer ! » affirme Vincent.

Décollage et purée de pois... Aiwar Bebrich introduit l'hélicoptère au cœur de la brume. Il espère qu'en prenant de l'altitude, nous franchirons la couche opaque pour ressortir au soleil. Optimisme, quand tu nous tiens... Le pilote monte, descend, vire, oblique, mais quête en vain un passage. Nul trou dans les nuées... Et le manège est dangereux : nous risquons à chaque instant de percuter une falaise ou d'accrocher la cime d'un arbre. Retour au camp Kronotski.

Nous tuons le (mauvais) temps en prenant un café et en racontant des histoires stupides. (A quoi reconnaît-on un grizzly amoureux d'un nounours ? Réponse : il a des peluches... On voit le genre.) Et quelques jolis récits de voyages, où les missions Hulot et Cousteau (que je fais resurgir) se comparent, se complètent et s'enrichissent. Les lions et les baleines, les hippopotames et les requins, les coraux et les jungles tropicales se mélangent à travers nos anecdotes. Nicolas se remémore, par exemple, un rendez-vous avec des éléphants d'Afrique : au Botswana, un troupeau intimide l'équipe, puis défile de part et d'autre du frêle abri de branches où tout le monde s'est blotti, en frôlant les hommes, mais sans aucune violence.

Je pars me balader sur la rive du lac, à travers les roseaux et les saules. Beauté de l'eau gris-bleu sous le duvet du brouillard... J'arpente les blocs de lave grenat sombre, que rehaussent des algues vert cru. Je repère des empreintes d'ours. Il y a quelque jours, j'aurais fait demi-tour. C'est à peine si mon cœur s'accélère. Je continue d'avancer. Je me demande si ma foi dans le pacifisme des plantigrades relève de l'authentique inconscience. Mais aucun de ces animaux ne nous a manifesté la moindre acrimonie, et je n'ai pas envie d'avoir peur. Difficile d'imaginer que je risque ma peau, tant je me sens en harmonie avec le lac, la forêt, le volcan, la planète... Me revient, comme une obsession, le désir d'être ourson. J'irai, un jour, me pelotonner contre le vaste flanc tiède de ma mère, dans l'antre où je suis né l'hiver passé. Je m'assois sur un caillou, je tords la narine, je hume des arômes de soufre et de mélèzes.

Au-dessus des roseaux, juchée sur un saule, la corneille à gros bec me regarde. J'ai l'impression qu'elle sourit. Je devrais diminuer ma consommation d'amanites tue-mouches.

Lorsque je reviens au camp, Damien Chatard et Pierre Lemarchand débitent les poutres et les planches d'une cabane en ruine, afin d'alimenter nos poêles. Ces deux-là portent la réussite matérielle et morale de la mission. En compagnie de Philippe Clermont qui assure l'intendance, et que j'aperçois là-bas, en train de cocher une liste de vivres...

Devant le réfectoire, en short et torse nu malgré le froid, le cadreur Christophe Kenck et un garde russe font des pompes à terre, puis des tractions à la barre fixe. Ils sont jeunes. Ils se musclent, s'entraînent, soufflent et souffrent... Ils aiment ça. Très vite, ils se défient. La compétition s'allume. Ils se disposent face à face et miment une bagarre : tous deux ont appris le karaté. Voilà comment la France et la Russie se retrouvent engagées dans un match imprévu... Les supporteurs des deux pays arrivent et font cercle. On encourage les champions. Moi qui suis le « Vieux », et qui incarne modestement la science, je mesure à quel point l'*Homo sapiens* est un singe. Le combat symbolique oppose deux jeunes mâles qui ne peuvent pas se parler, puisqu'ils ignorent la langue de l'adversaire. Ils communiquent par des postures, des mimiques, des cris, des sons grognés ou glapis qui remontent à l'australopithèque. Je vois se défier deux jeunes adultes non dominants. Ils testent leurs forces. Leur rang dans la hiérarchie dépend de cette bagarre simulée.

L'après-midi, les nuées paraissent moins opaques. Aiwar Bebrich fait danser l'hélicoptère sur la taïga, puis remonte une vallée sinueuse encombrée de brumes. Il slalome entre les falaises. De temps à autre, un rai de lumière permet de détailler les périls que nous courons. Puisque notre espérance de vie égale la sienne, j'aime me dire que notre pilote est un as... Du côté d'Uzon, ça reste bouché. Vers le Karimski, la purée de pois persiste. Nous obliquons vers les Semiatchik (Maly, Central et Bolchoï), où les vapeurs se diluent.

C'était un piège !... Le brouillard acquiert à nouveau, en quelques minutes, une densité palpable. Et la neige se met à tomber... S'ensuit un voyage que je tiens pour l'un des plus hallucinants que j'aie vécus. Nous volons à travers le blanc, nous devenons des anges... L'essuie-glace déblaie avec peine les flocons sur le pare-brise. Aiwar Bebrich n'y voit plus rien. Je l'observe sur son siège – tendu, le visage collé à la vitre, les sourcils froncés. Même dans les situations difficiles, il a coutume de répondre : *« No problem ! »* Il admet qu'aujourd'hui « c'est un peu compliqué ». Je goûte la litote !

Impossible de tenter un demi-tour : au-dessous de nous, la vallée disparaît dans le coton. Monter ne garantit rien. Nous faisons pourtant l'ascenseur au flanc du Central Semiatchik. Aiwar connaît un plateau où nous pourrions nous poser en attendant l'éclaircie.

J'ignore comment, mais il y parvient. Ce que j'apprends bientôt, c'est qu'on appelle cet endroit la « vallée de la Mort ».

Nous débarquons.

Alentour s'étend un délire, une folie minérale, un chaos de fin du monde. Hormis le replat où croissent quelques herbes poudrées de neige, c'est un tableau d'enfer qui nous est proposé. Dans cet infini de cônes et de creux, les fumerolles de la terre épousent les brouillards de l'air. Le trait le plus singulier du panorama tient à sa couleur. Jaune... Jaune de soufre, avec des nuances d'ocre, des moirures beiges et des traînées de cuivre... Les amas volcaniques sont séparés les uns des autres par des ruisseaux et des étangs violets. Jaune et violet : couleurs complémentaires. La nature est un peintre de génie... Le substrat manque de fermeté : il consiste en une cendre pâteuse et grumeleuse, trempée par les pluies et les sources. Lorsqu'on y marche, il se mue en gadoue collante, qui « botte » sous les chaussures.

Nous descendons vers un petit lac en suivant l'arête d'un épaulement friable : mieux vaut ne pas déraper. Lorsque, les souliers aux trois quarts enfoncés dans la boue, nous arrivons au bord du liquide, j'en relève la température (52 °C) et l'acidité (pH : 2). Ce bain-là nous cuirait... Non loin, une source hydrothermale crache à 92 °C, pour un pH de 1,2... Vus de près, les cristaux métalliques qui précipitent à la surface du sol composent de précieuses niellures. Les oxydes de cuivre bleus ou verts alternent avec ceux de fer rouges, ceux d'aluminium blancs et ceux de manganèse noirs.

Les coulées de soufre natif orange, puis jaune vif, puis jaune-vert, rehaussent l'œuvre.

Nous passons un val, nous sautons un ruisseau de boue, nous gravissons une colline. Tout semble instable, précaire, périlleux, semé de chausse-trappes et de traîtrises. Je mesure à quel point les contrées volcaniques sont hostiles à l'homme en particulier, aux organismes en général – même si elles furent à l'origine des molécules complexes et des cycles biologiques, même si elles continuent d'entretenir les existences. Près de son cœur brûlant, la mère de tous les êtres incarne leur pire ennemie : ô paradoxe !

Vallée de la Mort et vallée de la Vie ne sont séparées que par quelques cratères...

Gil Kébaïli et les cadreurs filment la balade que nous effectuons dans cet Hadès homérique. Nicolas Hulot rattrape Evgueni Lobkov au moment où celui-ci dérape vers un étang acide. Je veux poser le pied sur la croûte fragile d'un dôme fumant, qui aurait cédé sous mon poids : Evgueni m'empêche d'avancer et m'épargne la brûlure. En traversant un chenal, Nicolas glisse : je le retiens par la veste... Pas un instant, dans ce théâtre de la Terre en état d'enfance et de colère, il n'est permis de relâcher sa vigilance. Ni la solidarité qu'on se doit entre humains.

Depuis l'hélicoptère, Aiwar Bebrich nous appelle au talkie-walkie. La neige tombe moins fort et il a repéré un passage dans la brume. Nous grimpons la pente aussi vite que nous le pouvons : deux pas en avant, un pas en arrière. Nous embarquons. Nous sommes sales à souhait – les souliers crottés, les habits maculés, le corps parfumé au soufre et à l'hydrogène sulfuré. Je nous imagine dans une soirée mondaine : « œufs pourris de là-bas »... Aiwar enlève son Mi 8 dans l'atmosphère, puis plonge dans la pente. Il emprunte ce qui ressemble à un tunnel translucide, creusé dans le lait du brouillard. Il rase les rocs et les arbres. Dans une clairière, je vois détaler des lièvres variables dont le pelage a commencé de blanchir. Plus loin, des perdrix des neiges (ou lagopèdes) s'envolent, elles aussi à demi-vêtues de leur livrée d'hiver. Dans la plaine côtière, une meute de loups gris pourchasse un renne.

En arrivant au camp Kronotski, il pleut. Je goûte, une fois encore, le privilège d'habiter une cabane avec un fourneau. Ceux qui logent sous la tente ne réussiront pas à se sécher vraiment. Ils auront froid toute la nuit.

C'est pour prévenir ce désagrément que les pilotes, les cuistots, les gardes et les scientifiques russes nous invitent à une fête... que je découvre au moins aussi arrosée que la contrée alentour. Avec de la vodka, ça va de soi... Je me demande d'où ils la sortent, celle-là ! J'y trempe les lèvres : un acide ! Remplissent-ils leurs fioles aux sources d'Uzon ou du Central Semiatchik ?

Notons qu'en matière d'alcool les Français restent rarement à la traîne : nous avons une réserve de pastis. Certains mélangent les deux. Je goûte la vodka-pastis. Mon estomac de « Vieux » déclare forfait.

Tout le monde chante, les Russes juste, les Français faux. Je sors exhaler mes vapeurs. La pluie redouble. Je ne distingue pas la silhouette, mais je sens la présence amicale et monstrueuse du mont Kronotski.

Dans le réfectoire, les amis rient et trinquent en deux langues. A la santé des ours et des volcans. De la Russie et de la France.

De la Terre et de la Vie !

28. NEIGE ET SPLEEN À UZON

Pluie et nuages au Kamtchatka.

Depuis deux jours, on n'a pas aperçu le sommet du mont Kronotski. Sur son arbre, la corneille à gros bec dégouline. Un peu de spleen...

Au petit déjeuner, certains équipiers ont les yeux rouges, les paupières gonflées, mal aux cheveux. Leur front bas et lourd pèse comme un couvercle... Pardonne, ô Baudelaire : j'évoque la gueule de bois !

« Voici le proverbe du jour ! lance Nicolas. Vodka et pastis mêlés n'éclairent pas les idées.

— Manquerait plus, dit Georges Bosio, qu'on tombe sur un ours alcoolique : notre compte serait bon.

— Quel est le programme, ce matin ? demande Patrice Aubertel.

— On retourne au lit ! gémit Yannick Fleuriault.

— Sûrement pas, dit le Dr Michel Cadot, ma tente est trempée...

— En realité, tranche Gil Kébaïli, on monte à Uzon pour une balade en montgolfière.

— Bonne idée ! sourit Vincent Dupuis. Ensuite, on envoie Nicolas et Yves survoler le Karimski...

— Une fois là-haut, poursuit Georges, ils se font rattraper par le vent du nord et filent jusqu'à l'océan Pacifique. Ils nous téléphonent quand ils arrivent au Japon... »

En rêve, c'est un voyage attrayant.

Enième allumage des moteurs, montée en puissance des tuyères, « flop-flop » des rotors... L'aigle pêcheur a l'habitude. Nous tentons de rallier la caldeira d'Uzon, mais le brouillard dit : non !... Tout est bouché.

Nous redescendons vers le delta de la rivière Kronotski. La visibilité s'améliore, même si le volcan reste emmailloté de vapeurs. Vers le large, au-dessus du liman couleur de plomb, on aperçoit un pan de ciel bleu. La plaine côtière, avec sa végétation de busseroles, d'airelles et de camarines, ressemble à un lac de sang. Aiwar Bebrich cherche un coin où se poser. Pas facile... Il faut éviter les fondrières : enlisé, l'hélicoptère ne pourrait plus repartir. Le pilote stabilise son appareil à un mètre au-dessus du sol. Comme au Klioutchevskoï, un assistant saute et sonde le substrat avec une pique. L'homme réintègre plusieurs fois la carlingue avec une mimique navrée. Enfin, il autorise la manœuvre. Contact. Les roues s'enfoncent jusqu'au moyeu : limite, limite !... Aiwar ne coupe pas les gaz : dès que nous avons débarqué avec le matériel, il redécolle. Ne pas se laisser piéger !

Nous préparons la montgolfière. Nacelle et ballon, bouteilles de gaz et brûleur. Allumage : l'air chaud dilate l'enveloppe. Nicolas et moi grimpons dans le panier d'osier. Amarres larguées, et hop !... Nous faisons l'ascenseur. Le vent souffle un peu fort : le sol défile. Nous montons à deux cents mètres, jusqu'aux premières strates de brume. L'immensité cramoisie de la plaine, les illuminations des nuages sur l'océan, l'énigme du mont Kronotski dans le brouillard : tout participe du sortilège. J'ai l'illusion de voler dans un temple, une cathédrale, un palais à la dimension du monde.

De haut, la géographie du delta s'expose. Les sinuosités, les divergences, les confluences des bras de rivière forment un texte en écriture cyrillique que je ne puis déchiffrer. Des ours pêchent : ultimes semaines de bombance avant le grand gel. Une harde de rennes broute des lichens gris pâle – lichens « des rennes », bien sûr. Un renard acajou zigzague dans les airelles, je suppose en quête d'un mulot ou d'un souslik ; à moins qu'il ne se goinfre de baies bleues. La vie s'écoule en méandres, comme la rivière Kronotski, à la façon des courants du Pacifique, tels les vents de Sibérie. Je me sens saumon rouge, baleine franche ou mammouth. J'ai toujours appartenu à cet écosystème biologique et esthétique.

Nous survolons des chenaux bleu-gris, que hantent des nuées de labbes, de goélands, de mouettes et de sternes. Un aigle de Steller est attablé sur un saumon qu'un ours a éventré. Un groupe de cygnes décolle et vient vers nous : j'en compte huit, cou tendu, plumes de neige ; je les suppose étonnés de nous croiser à cette altitude.

Je raconte, au micro d'*Ushuaïa-Nature*, un pan supplémentaire de l'évolution du vivant. J'évoque les mammifères, les derniers-nés des vertébrés avec les oiseaux. Je chante l'épopée des mamelles.

Les monotrèmes paraissent en premier. La nature les tire de son sac à malice dès le début du secondaire, en même temps que les dinosaures. Ils pondent des œufs comme les reptiles, leurs ancêtres, mais sont couverts de poils au lieu d'écailles. Ils inventent le lait en modifiant des glandes à sébum (sébacées) au ventre de leurs femelles. N'ont survécu, de ces protothériens, que les ornithorynques et les échidnés.

Se singularisent ensuite les marsupiaux (ou métathériens) : kangourous, wallabies, opossums, koalas, diables et loups de Tasmanie... Chez ces créatures, l'œuf éclôt dans le ventre maternel. Il en résulte une larve minuscule et fragile, dont le salut réside dans l'ascension – je veux dire : l'escalade du ventre velu de maman –, jusqu'à la poche marsupiale où pointent les tétines.

Je peins, enfin, les mammifères modernes, les euthériens (ou placentaires), chez lesquels un cordon ombilical et un placenta unissent le fœtus à sa mère, dans le creux douillet d'un utérus (ou matrice). J'évoque leurs nombreux ordres : rongeurs aux incisives à rallonges ; insectivores favorisés par les explosions d'insectes au tertiaire ; ongulés de toutes sortes (veaux, vaches, cochons...) ; carnivores au format de belette ou de tigre ; pachydermes tentés par le gigantisme ; chauves-souris à la conquête des airs ; siréniens, pinnipèdes et cétacés retournés à la mer...

Avec, bien sûr, cette lignée qui choisit de perfectionner son cerveau, sa main et ses relations sociales : j'ai nommé les primates. D'abord les lémuriens, puis les singes des deux mondes, enfin, les anthropoïdes... proconsuls et kenyapithèques, orangs-outans et gorilles, chimpanzés et bonobos – jusqu'aux australopithèques. Nous concluons ces derniers.

Un temps, nous fûmes « hommes debout » *(Homo erectus)* – de Pékin, de Java, de Mauer ou de Tautavel.

Puis nous devînmes « hommes sages » *(Homo sapiens)* – paléolithiques, néolithiques, historiques, antiques, moyenâgeux, scientifiques, techniques, atomiques, bientôt bioniques...

N'insistons pas sur notre supposée « sagesse ».

La montgolfière vole vers la mer. Le liman approche à toute vitesse. Nous devons atterrir. Nicolas a cessé d'actionner le brûleur. Nous perdons de l'altitude. La plage est là. Je redoute que nous n'allions trop loin, jusque dans l'eau que je devine froide. Je me prépare à nager en claquant des dents. Mais Nicolas incarne un excellent pilote : le ballon racle le sédiment et s'immobilise. A plat ventre dans la nacelle renversée, le nez dans le sable, je regarde fuir, sur le cordon littoral, une bande de lions de mer qui aboient leur énervement d'avoir été dérangés.

L'hélicoptère nous récupère. Du côté des montagnes, les brumes semblent se lever. Gil Kébaïli s'entête : il veut aller à Uzon. C'est le réalisateur, il décide : nous obéissons. Décollage.

La caldeira embrumée ressemble à un tableau de Caspar David Friedrich : seules, les crêtes noires dépassent de la mer de nuages. Le vent souffle du nord, pour le moment trop fort pour autoriser un voyage en ballon. Faiblira-t-il ? Nous allons déposer Gil Kébaïli et Evgueni Lobkov sur l'arête sud de la dépression. Ils prennent une caméra : ils filmeront notre approche. Si toutefois nous volons... Nous revenons nous poser sur l'arête nord. Nous étalons le matériel dans une clairière. Reste à patienter.

L'hélicoptère nous quitte : Aiwar Bebrich doit aller faire du carburant au village de Lazo.

L'attente devient grelottante. Une fois de plus, la météo nous a piégés. Le brouillard faisait mine de se désépaissir : c'était pour mieux nous manger. A présent, la pluie cingle. Et qui s'en étonnerait ? Elle se transmue en neige. Loin de se calmer, la bise forcit. Nous gelons.

Nous aménageons un abri de fortune au cœur d'un bosquet de pins nains. Nous improvisons un toit avec le sac de plastique où nous rangeons d'ordinaire l'enveloppe du ballon. Des plaisanteries fusent, vite givrées par le vent. La température s'effondre : des glaçons naissent sur ma barbe. Chacun tire de son sac le moindre accessoire ou vêtement chaud qu'il a emporté : bonnet, gants, tricot, veste fourrée...

Sacha Massalov dépose son tromblon (les ours ne sont pas fous : ils ne sortent pas par ce temps), rajuste ses lunettes « Hubble » et propose de faire du feu. Pas au milieu des conifères : inutile d'incendier la taïga. Nous trouvons une cuvette herbeuse où nous creusons un foyer. Corvée de bois... Sacha empile avec méthode les herbes sèches, les brindilles, les rameaux, les branches. Il craque une allumette : ça prend ; ça crépite ! Le garde sourit. C'est un vrai coureur de forêts ; l'héritier de Dersou Ouzala...

Le feu reste une magie pour l'homme. Nous nous blottissons autour des flammes. Nous voilà redevenus chasseurs de Cro-Magnon dans la toundra, durant la glaciation de Würm. Lascaux n'est pas loin. Nos familles nous attendent dans un abri sous roche, au bord de la Vézère. Un renne sort des fourrés, s'avance à découvert et détale en nous voyant. Les époques de l'humanité se télescopent dans ma pauvre cervelle frigorifiée.

Tandis que mes pieds rôtissent à la braise, je m'allonge en arrière. J'ai la tête sous un buisson d'airelles. Je ne vais pas me priver. Je déguste deux ou trois douzaines de baies. Un suc sucré sauvage gicle sur ma langue et se sublime jusque dans mon arrière-nez. Saveur capiteuse, arôme long en bouche, cousin de celui de la myrtille, avec des émanations de muscat noir, des rappels de basalte et de résine, des notes de litchi et d'armoise...

Au talkie-walkie, nous prenons des nouvelles de Gil Kébaïli et d'Evgueni Lobkov. Ils claquent des dents au creux d'un bosquet de pins nains. Eux aussi ont essayé de faire du feu. Ils viennent de vivre la mésaventure cruelle et drolatique, plus d'une fois exploitée par le cinéma et la publicité, qui consiste à avoir trois allumettes. Ils ont craqué la première, qu'une rafale de vent a éteinte. La deuxième n'a pas voulu prendre. Un éternuement de Gil a mis fin aux espoirs de la dernière.

L'après-midi coule avec lenteur, tel un fleuve paralysé par l'embâcle. Aiwar Bebrich devait nous récupérer au bout de deux heures ; cinq ont passé. La neige a cessé, mais la visibilité reste mauvaise. Le crépuscule tombera vite. Et lorsque l'obscurité sera faite...

Certes, nous ne risquons pas notre peau. Sacha Massalov connaît bien la caldeira d'Uzon. En moins de deux heures de marche, nous rallierions la maison bleue où nous passerions la nuit en sécurité et à l'abri du froid. Nous nous apprêtons à entamer ce mouvement vers le refuge, lorsque le bourdonnement de l'hélicoptère se fait entendre ; d'abord, moustique ; puis frelon ; enfin tintamarre. Aiwar Bebrich atterrit. Nous remballons le « matos » et nos corps transis.

Le pilote est accompagné par le toubib et Georges Bosio. Pour eux, cette demi-journée fut... « délicate », avoue Aiwar.

« Tu parles ! raconte Michel Cadot. Nous avons décollé pour Lazo dans le brouillard. Nous n'avions plus de benzine : tous les voyants étaient au rouge. Il nous fallait un plein d'urgence. Sauf que le manque de visibilité nous contraignait *aussi* à voler très lentement...

— *Grosso modo*, renchérit Georges Bosio, nous avions le choix entre nous écrabouiller à cause de la panne sèche et nous écrabouiller en avançant trop vite...

— Etre ou ne pas être... La voilà, l'aventure ! lance Pierre Reux.

— Et maintenant, jubile Yannick Fleuriault, le camp Kronotski, un bon bain chaud, une bonne bouffe et la nuit en boîte !

— Il me semble, remarque Vincent Dupuis, que nous oublions du monde...

— Gil et Evgueni !... Les malheureux doivent être des statues de glace ! » pronostique Nicolas Hulot.

L'hélicoptère survole l'arête méridionale de la caldeira. Nos compagnons jaillissent des conifères avec de grands gestes. Et qui détale au même moment, de l'autre côté du bosquet vert sombre ? La mère ourse et ses deux petits... Les plantigrades et les hommes avaient choisi le même refuge pour se protéger du blizzard. L'ourse n'ignorait rien, je suppose... Gil et Evgueni grimpent dans la carlingue, grelottants, les membres gourds et la peau bleue. Nous leur demandons s'ils savent près de qui ils ont passé leur après-midi. Ils nous considèrent d'un air ahuri.

« Pas la moindre idée... »

Georges Bosio leur montre les plantigrades arrêtés dans la pente.

« Eux ? s'étonne Gil... Dans le même buisson que nous ? Je regrette une seule chose : ne pas l'avoir su. J'avais si froid que j'aurais demandé à l'ourse la permission de venir me réchauffer contre elle ! »

29. LES BALEINES DE LA TERRE

Je me réveille à minuit.

La chouette de l'Oural ulule. Miracle de l'air : le vent est tombé, les brumes se sont levées. Le mont Kronotski dresse sa noirceur contre le ciel d'étoiles. La lune luit comme un point sur un « j ».

Je sors. J'arrose un pin nain. Je me renfonce dans mon sac de couchage.

Surprise de l'aube : le soleil illumine le massif par derrière, avant de pointer le nez à droite de la cime ; et c'est la révélation ! L'hiver a gagné. La neige blanchit la totalité du cône. La taïga offre au totem immaculé son âme rouge et or. Trop de beauté ! Il arrive un moment où la capacité d'émerveillement humaine rencontre ses limites ; de même, durant les guerres et les glorieux assassinats, notre aptitude à l'horreur finit par s'émousser... Nous disposons d'une quantité donnée d'émotion : la faute aux hormones et aux neurotransmetteurs. Nos joies et nos peines, nos plaisirs et nos douleurs, nos amours et nos haines dépendent de molécules que le biologiste peut compter, peser, diviser, pas faciles à produire pour nos cellules et qui viennent à manquer.

Je n'ai encore rien vu.

Cette journée sera consacrée à la vallée des Geysers. En russe, « *Dolina Gueizerov* ».

Petit déjeuner puéril, pour ainsi dire « ourson », avec abus de caviar de saumon et de tartines de miel. Nul n'a coché les jours, mais chacun sait que notre mission tire à sa fin. Ce mois passé au Kamtchatka m'a semblé un instant : nous plierons le camp dès demain. Est-ce ainsi que vivent les éphémères, lorsqu'elles quittent leur carapace de nymphe et s'envolent pour vingt-quatre heures au-dessus de l'eau ? Les travaux scientifiques et les tournages se sont enchaînés dans un méli-mélo spatio-temporel. Mon existence s'est déroulée à la fois en accéléré et au ralenti. A peine ai-je eu conscience de ce qui survenait : impression d'accéléré. Mais mon cerveau a engrangé davantage de données que d'habitude : sentiment de ralenti. Ma mémoire est petite, et il y aurait tant à mettre en boîte !

Décollage pour la vallée des Geysers.

Sous le volcan poudré de blanc, le lac semble plus obscur que jamais ; d'un bleu de cobalt, presque noir, quasi abyssal... Je songe au destin des saumons nains kokanis. Un aigle pêcheur frôle la surface et cueille une proie du bout d'une serre. La beauté globale est une addition de minidrames. Comme les autres, ma mort fera des heureux : cela me console d'avoir à quitter la table du banquet.

Nous traversons la caldeira d'Uzon – arêtes de neige et fond de fumées grises. Nous suivons la courbe bleu-vert de la rivière Choumnaïa qui quitte la dépression par un défilé grandiose et sévère. L'eau se jette, sinue, cascade au creux du chaos. Nous empruntons en descente ce dièdre de rocs, de ravines, de pitons et de falaises instables. L'hélicoptère nous offre un point de vue d'oiseau sur une géologie en acte. Nous contournons le volcan Kikhpinitch (altitude : 1 552 mètres), sur la pente sud-ouest duquel s'ouvre une autre fissure.

Le canyon sublime. La vallée des Geysers... Drainée par la rivière Gueizernaïa qui, au bas du réseau, se jette dans la Choumnaïa.

Aiwar Bebrich pose son engin sur une plate-forme de poutres couvertes de tôles vertes, près de trois cabanes en mélèze flambant neuves, que nous rejoignons sur un chemin de caillebotis. Ces maisons témoignent d'une réalité ambiguë : ce sont des lieux d'accueil pour les touristes ; les premiers du genre... La réputation du Kamtchatka gagne non seulement la Russie, mais l'Europe occidentale, les Etats-Unis, l'Australie, le Japon... Des voyagistes envoient ici une avant-garde de visiteurs payants. D'un côté, je m'en réjouis : la manne étrangère améliorera la vie des habitants, ce ne sera pas du luxe. Mais le touriste, même bien intentionné, incarne un désastre. C'est un Attila. L'herbe ne repousse plus derrière les pneus de ses bagnoles. Il lui faut des infrastructures, des hôtels, de l'énergie, en un mot : du confort ; en deux mots : du saccage et de la pollution. Où il passe, la contrée vierge se transmue en pays du béton. On déplore ce phénomène de la Patagonie à l'Alaska, de l'Amazonie à la Namibie, des Seychelles aux Galapagos ; sur la Grande Barrière de corail et en Polynésie ; chez les Pygmées et les Jivaros ; désormais, en Antarctique ; demain, sur la Lune.

Moi-même, je m'englue dans une contradiction. Je suis venu ici en acceptant de figurer dans un film de télévision, j'écris des articles de journaux, je parle à la radio, je rédige un livre... Le bien que je pense de la péninsule, et que je clame *urbi et orbi*, incitera de nouvelles hordes à s'y précipiter. Dois-je célébrer le Beau dans l'espoir qu'il sera mieux protégé parce que plus aimé ? Ou bien faut-il le taire en imaginant qu'il vivra heureux, vivant caché ? La démocratie interdit d'interdire : chaque citoyen a un droit égal aux merveilles du monde. Mais la foule piétine et ratatine... Où est la solution ?

Je caresse une branche de mélèze : loin de piquer, ses aiguilles jaunes, lavées de roux et de beige, sont douces aux mains comme une fourrure de zibeline.

Amour de la nature, passion de la démocratie : tel est mon côté Rousseau... Comme Jean-Jacques, je pense que l'homme est mauvais. Je n'en impute pas la responsabilité à la société. Le problème naît de la funeste combinaison de nos pulsions animales (sexe, agressivité, besoin de territoire, désir de dominer) et de nos capacités cérébrales (conscience, intelligence, langage, mémoire, vision de l'avenir). *Homo sapiens* développe, en outre, une fonction essentielle, appelée « empathie ». Celle-ci consiste à se mettre à la place d'autrui, à imaginer ce qu'il ressent ou ce qu'il pense.

De là à soupçonner son voisin de méchanceté, à lui attribuer de noirs desseins, donc à contrer ses plans en tirant le premier, il n'y a que l'épaisseur d'une hache de pierre, d'une balle de fusil ou d'une bombe atomique.

On nous propose un solide casse-croûte ; vu le petit déjeuner précédent, nous voilà préservés de la malnutrition. Un panneau fournit des informations sur le Kamtchatka. Sa géographie, sa population aborigène et russe, ses quatre « grandes » villes (Petropavlovsk-Kamtchatski, Ielizovo, Klioutchi et Vilioutchinsk) et ses onze villages. Outre l'immense réserve naturelle (et de biosphère) Kronotski, la province compte vingt-six réserves forestières et cent quatre-vingt-deux monuments naturels. Cent mille lacs, trois cents volcans (dont trente actifs), quatorze mille kilomètres de rivières. Des arbres, des buissons, des fleurs discrètes ou glorieuses (iris, sabot-de-Vénus), des champignons, des mammifères marins et des millions de saumons. Des oiseaux (aigle royal, aigle de Steller, corneille à gros bec). Et des mammifères terrestres : ours (six mille sujets), loup, lynx, mouflon, élan, renne, chien viverrin, glouton, renard, loutre, vison, hermine, zibeline, castor, écureuil, souslik...

Nous descendons le sentier de caillebotis, dans une prairie hérissée de plantes qui nous arrivent aux genoux, au nombril, aux épaules (rumex, séneçons, iris, armoises, berces), auxquelles se mêlent des espèces plus courtes : géraniums, potentilles, alchémilles, grands plantains, benoîtes...

Le paysage suscite des exclamations :

« Il semble, dit Nicolas Hulot, que sur l'échelle de la beauté la nature ait encore grimpé quelques marches...

— Plus dure sera la chute ! » murmure Georges Bosio.

Cernée de sommets de neige (au nord-est, les pics érodés du Kikhpinitch), la vallée des Geysers compose une entaille fabuleuse. Les pentes grenat, brun, vert, jaune, noir et beige s'abaissent en éboulis, falaises, âpres ravines et dérochoirs de vertige, jusqu'au creux où la rivière roule des eaux d'un étrange azur. Sur les replats, les bosquets de bouleaux, de pins nains et de mélèzes semblent tirés d'une estampe d'Hiroshige ; ou d'une *Montagne Sainte-Victoire* de Cézanne.

Le plus fabuleux, bien sûr, ce sont les geysers... Ici, tout fuse, crache, soupire, exhale... Les vapeurs sortent des entrailles du globe avec des ronflements et des vibrations d'orgues. Elles montent dans l'air froid, tournoient en volutes et s'effacent. Les orifices expulsent chacun leur tour l'haleine de la planète. On se croirait sur l'océan. On voit souffler des cétacés.

Les geysers sont les baleines de la terre.

Nous quittons le caillebotis. Nous empruntons, entre les bouleaux et les aulnes, un étroit sentier coupé de passages escarpés où il faut se cramponner à une chaîne, et qui conduit au bas du système. Juste au-dessus du confluent de la Gueizernaïa et de la Choumnaïa, une cascade annexe, d'une cinquantaine de mètres de hauteur, s'abat devant un porche minéral où souffle un geyser à deux trous appelé « Pervenets », dont un orifice vomit à la verticale et l'autre en oblique. Les roches brun foncé, rehaussées de marbrures violettes, de sinuosités argentées et de plaques de mousses vert cru, se mettent à luire quand une giclée les bénit.

Les geysers du Kamtchatka égalent en majesté leurs homologues du Yellowstone, de l'Islande ou de la Nouvelle-Zélande. On les connaît depuis moins de temps. Evgueni Lobkov raconte leur découverte. En 1941, la géologue russe Tamara Oustinova relève le tracé de la rivière Choumnaïa, de son embouchure à Uzon. L'exploratrice remonte le courant, attaque la montagne, grimpe des barres rocheuses, se faufile dans des étroitures, passe de titanesques éboulis et débouche où nous nous trouvons (mais nous sommes venus par le haut, et en hélicoptère !).

Elle écrira, plus tard, que le geyser qu'elle voit jaillir (c'est elle qui le baptise « Pervenets ») change sa vie. En russe, « Pervenets » signifie « Premier-né »... Tamara Oustinova vouera son existence à l'étude et à la protection du site.

Tournage acrobatique. Patrice Aubertel et Eric Minvielle, de l'eau à la taille, traversent la rivière Choumnaïa, touchent la berge opposée et escaladent une pente de cendre glissante. A trente mètres au-dessus du courant, Patrice (que Ricky « assure » en le tenant par la taille) nous cadre avec le Pervenets en arrière-plan.

Nous regagnons les cabanes. Nous marquons une pause café ; euh... vodka ! Nous redescendons dans le creux titanesque où s'exhalent les vapeurs de la terre, où soufflent les baleines géologiques. Peut-être cosmologiques !

Il existe une trentaine de geysers dans la Dolina Gueizerov. Chacun porte un nom. Nathalie Galoub et Evgueni Lobkov se font un plaisir de nous désigner les principaux. Outre le Pervenets, voici le Troinoï, le Conique, le Maly (« Petit »), le Bolchoï (« Grand »), le Chtchel, le Fontan (« Fontaine »), le Jemtchoujni, le Sakharni, le Verkhni, le Gorizontalni (« Horizontal »), le Vosmerka et le Bouriachtchi... Le plus puissant de la troupe a été baptisé « Velikan » – le « Géant ». Il entre en éruption, là-haut, sur son replat... Son panache de vapeur grandit, fuse, feule, ronfle et éclabousse pendant deux minutes. L'aérosol gris et blanc monte à plus de trois cents mètres.

C'est vers ce monstre que nous nous dirigeons. Nous avons le temps : avant de cracher à nouveau, le Géant doit refaire ses forces. En moyenne, il a besoin de quatre à cinq heures de préparation. Parfois, à peine deux. Dans d'autres cas, jusqu'à huit. Tout dépend du débit des sources souterraines qui remplissent sa bouilloire.

Au creux de la vallée, nous touchons la rivière Gueizernaïa. Une passerelle de bois la franchit. Je m'arrête au milieu. En face, dans la pente, au-dessus des tourbillons bleu clair, je contemple une scène de Nouvel An chinois. Des tentures, des échoppes, des enseignes, des lanternes, des costumes – mais de pierre... Un dragon ocre, rouge, jaune et blanc me regarde, la gueule béante, un œil ouvert et l'autre fermé. La créature gargouille en vomissant une eau fumante. Elle ne doit rien aux hommes, mais tout à la géologie. Il s'agit d'une concrétion, d'un ensemble de dépôts minéraux séculaires auxquels on a donné le nom de « grotte Malachite ».

Les roches issues de la précipitation saline des geysers (dont l'eau est alcaline, avec un pH voisin de 9) sont nommées, sans surprise, « geysérites ». Les gouttelettes et les vapeurs hydrothermales, précise Nathalie Galoub, sont riches en carbonates, silicates, borates, chlorures (de sodium, de potassium), etc. A l'air libre, ces minéraux se déposent en fins cristaux que colorent le soufre (en jaune), le fer (en rouge), le cuivre (en vert ou bleu), l'aluminium (en blanc), le manganèse (en noir)... L'imagination du sculpteur et la palette du peintre sont sans bornes.

Non seulement les baleines de la terre se plaisent à faire des ronds de vapeur, mais lorsqu'elles aspergent le sol, elles deviennent Picasso, Braque ou Dali, Matisse ou Bacon, César ou Giacometti.

Je soupçonne les esprits de régler ce prodige.

Je comprendrai quand je serai chaman.

30. ADIEU, GEYSERS !

Dolina Gueizerov – la « vallée des Geysers ».

Je chemine entre les concrétions aux allures de musée d'art moderne (à moins qu'il ne s'agisse de Lascaux ou de Pompéi). Je déambule parmi les trous souffleurs, les mares bouillantes, les fumerolles au parfum de soufre. Je me sens bien. Je fais corps (et âme) avec le monde.

Je suis un improbable et fragile édifice de milliards de milliards de molécules vouées à la dispersion et au recyclage. En attendant, je goûte l'harmonie. Je me délecte de la symphonie du Tout. Laissez-moi me balader – encore un instant – parmi la complexité des atomes ; et je dirai adieu...

Nous marchons de panache en panache, de fumée en fumée. J'essaie d'expliquer le phénomène « geyser » avec des mots simples... Une chambre souterraine reçoit de l'eau d'infiltration réchauffée par le magma, et qui remonte par des fissures. La marmite s'emplit

La température excède 100 °C, mais la pression empêche la vaporisation, jusqu'à un certain point... Un excès de gaz rompt l'équilibre : le chaos gagne, l'anarchie triomphe, des bulles se forment, tout explose, le champagne est sabré et c'est Versailles ! L'éruption expédie dans l'air un panache de baleine, une chevelure de déesse rêvée par un poète... Le réservoir se vide, la bouche finit de cracher, mais déjà les sources secrètes regarnissent le pot du diable.

Nous passons des heures parmi les sortilèges. Le Kamtchatka nous a pris, nous tient et nous tient bien... Nous aimerions ne jamais en partir, mais nous devons le quitter.

En attendant le numéro vedette du Velikan, nous nous intéressons au Bolchoï – le « Grand ». Une brève escalade nous mène à un balcon de lave d'où nous entrevoyons l'intérieur du puits. Gueule ovale aux lèvres un peu dentées, bouche obscure, gorge fumante... L'image du Moloch s'impose. Nous nous méfions des traîtrises de l'environnement. Les zones hydrothermales sont dangereuses. Des plaques de cendres ou d'herbes se détachent, mal arrimées, trop récentes pour coller au substrat ou pour avoir de longues racines. Nous craignons de glisser, de dévaler la glaise, de finir dans la cocotte... Mais le geyser pique sa crise et nous oublions nos angoisses. De gros bouillons, un rugissement, un jet de vapeur colossal, un souffle de locomotive : le nuage nous enveloppe... Je prononce une phrase définitive sur la vanité de l'espèce humaine et la nécessité dans laquelle elle se trouve de pratiquer enfin la vertu du respect.

C'est à ce moment que Pierre Reux nous alerte par talkie-walkie : Christophe Kenck s'est brûlé près du Maly.

Dans ce milieu, on marche avec prudence. Mais le poids du corps peut, à chaque pas, briser une croûte minérale qu'on supposait solide, et qui couvrait une gadoue à haute température. Notre ami a eu cette déveine. Pour mieux cadrer le geyser, il a fait un pas de côté, persuadé que le terrain était ferme. La chape a cédé, et c'est comme s'il avait pataugé dans l'huile bouillante

Nous l'entourons. Le toubib dénude et nettoie délicatement ses jambes, maculées de boue. Les pieds de « Bruce », protégés par de bonnes chaussures de montagne, n'ont pas trop souffert ; mais ses chevilles et ses mollets, mal isolés par un pantalon trop fin, sont en triste état. La peau, rouge vif, marbrée de traînées livides, se boursoufle en cloques suintantes. Le garçon grimace et transpire malgré le froid. Il est assis dans l'herbe, choqué. Lorsqu'il se relève, il marche avec peine. Nous l'évacuons vers les cabanes, où Michel Cadot le soigne. Malgré des doses de cheval d'analgésiques, la douleur ne cédera pas ; il endurera la torture. Deux jours et deux nuits de voyage, pour revenir à Paris, lui seront un martyre. En France, on le transférera dans une unité spécialisée. Diagnostic : brûlures au troisième degré. Il subira des greffes. Sa convalescence durera des mois.

« Le geyser ne rigole pas tous les jours ! observe Georges Bosio.

— Le geyser n'est ni bon, ni méchant, dit Nicolas

Hulot, mais il peut blesser celui qui passe au mauvais moment, au mauvais endroit. A la vérité, il est comme l'ours : indifférent, imprévisible et beau... »

L'accident de Christophe survient à la fin d'une mission qui s'était déroulée sans anicroche. (« Sans anicroche ? grommelle Georges. On a frôlé dix fois la catastrophe, et on est encore loin de la maison ! ») J'avoue que, sur le coup, nous évaluons mal la gravité des blessures du cadreur : en crispant son sourire et en faisant presque bonne figure, « Bruce » nous incite à terminer le travail.

Les heures ont passé, le Velikan va cracher.

Nous surveillons son orifice, large de plus d'un mètre, avec un contour lobé et des lèvres de geysérite gris, rose, beige et mauve. (Pour qui, cette mimique de la terre ?) Nos appareils de mesure (thermomètre, pHmètre, etc.) et nos caméras sont en place. Moment de tension. Nous sommes fébriles.

Dans le puits, le niveau monte. L'eau écume, devient effervescente, bouillonne, déborde et dévale la pente en cent cascades chuintantes. Les remous se tordent, les turbidités se font maelström. Cinq ou six jets préparatoires pulsent à un ou deux mètres ; et c'est le spectacle !... Une fusée de vapeur jaillit de l'ouverture et escalade le ciel ; l'aérosol siffle, ronfle, crépite, s'organise en un fabuleux panache qui dilue ses brouillards à l'altitude de la tour Eiffel... Nous crions d'excitation comme des gosses, nous nous donnons des claques dans le dos.

S'ensuit un épisode de folie.

Une diablerie s'empare de nos personnes.

J'ai le pied retenu par une flaque qui fait ventouse : je m'étale. Nicolas Hulot trébuche derrière moi en essayant de me rattraper. Gil Kébaïli laisse choir une batterie dans la boue. Georges Bosio lâche un rouleau de pellicule qui dévale les rochers. Patrice Aubertel éclate de rire, mais pas longtemps, car sa caméra dégouline sous la douche. Yannick Fleuriault l'aide à battre en retraite, mais perd l'embout de son microperche. Chacun avance, recule, tombe, se relève, marche à quatre pattes, court à droite et à gauche sans savoir pourquoi. Seul, Evgueni Lobkov, assis à distance sur une pierre, contemple la scène avec la sérénité du sage.

Je me redresse, pantin de boue, vivante statue de glaise... Mouillé pour mouillé, ridicule pour ridicule, je n'hésite plus. Je veux savoir, j'ai besoin de sentir... J'écarte les bras, j'ouvre les mains. Je teste l'averse : lorsqu'elle retombe, l'eau du geyser n'est plus bouillante, mais tiède, amicale, douce, dénuée d'acidité... J'avance, je m'offre, je me livre à la pluie... L'ondée me nettoie, semble-t-il, non seulement de la fange minérale, mais de la saleté du monde. C'est un baptême, une aspersion, une purification... Venu du cœur de la terre, le fluide de la vie grimpe au ciel avant de me bénir. Je ferme les yeux, je cède à la caresse. Je suis atteint (je le crains) par le syndrome de saint Jean-Baptiste au Jourdain, ou du pèlerin de Bénarès dans le Gange. Je perçois la symbolique des ablutions. Bien entendu, je ressens davantage de plaisir sensuel que je n'ai de révélation mystique. Mais pourquoi le philosophe matérialiste serait-il privé de l'expérience ?

L'illusion dure ce que dure un paroxysme éruptif : environ deux minutes. J'ai l'impression que ça n'en finit pas. Lorsque cesse la douche, j'ouvre les yeux sur la vallée des Geysers, le sommet du Kikhpinitch, l'azur parfait du ciel. A cet instant, je veux croire à l'au-delà, au paradis, à la résurrection des corps, à la transmigration des âmes, à la métempsycose, à ce qu'on voudra dans le registre de l'éternité.

Perchée sur un rocher, la corneille à gros bec se moque.

Je ne la reverrai plus beaucoup, celle-là... Je la salue. Nos destins vont diverger. Lorsque j'étais enfant, j'étais sûr que le grand corbeau incarnait mon totem. Sa cousine a tenu le rôle au Kamtchatka. Je ne suis pas près de l'oublier.

Ce soir, au camp, nous ferons la fête ; avec un doigt de vodka, ça va de soi... Le cuistot nous a promis un festin : doubles brochettes de renne et de saumon, gâteau aux airelles et aux pommes... Je parlerai avec les Russes. J'évoquerai l'aigle de Steller avec Evgueni Lobkov. Je reviendrai sur la majesté des geysers avec Nathalie Galoub. Galia Namjilova récitera, en français, un poème de Victor Hugo. Nicolas Hulot et moi-même adresserons un petit discours de remerciement à l'équipe. J'irai dormir, une fois encore, sous la silhouette tutélaire du mont Kronotski.

Demain, nous lèverons le camp.

Nous bouclerons nos sacs de voyage sur un amas de linge sale, de cassettes vidéo remplies, de calepins noircis, de cailloux récoltés, d'échantillons de toutes sortes. Nous roulerons nos duvets, nous démonterons les tentes, nous ferons taire le groupe électrogène, nous chargerons les hélicoptères. Il faudra bien trois voyages pour acheminer ce barda jusqu'à l'aéroport de Petropavlovsk-Kamtchatski. Où nous serons rejoints par l'équipe de la mission « Koriaks » dans le Grand Nord : Alain Tixier, Boris Chichlo, Odile Darmostoupe et Thierry Naud. Avant le grand vol par-dessus l'Eurasie...

Nous aurons quitté la péninsule, ses chaos de lave, ses ours bruns, ses saumons roses, ses iris bleus et sa taïga rouge et or. Nous ne verrons plus les glaciers du Klioutchevskoï, ni les étangs d'Uzon, ni la géométrie sans défaut du volcan Kronotski, où je laisserai accroché un fragment de mon rêve.

Fin de mission dans la vallée des Geysers.

Tout gicle, coule, ruisselle, gargouille, blablote, fliqcfloque et chlifchaffe. Tout crache, fume, ronfle, expectore et invente une vie nouvelle. Comme à Uzon, des dizaines de mares de boue chaude déclinent les gris pâle, gris sombre, gris-bleu, gris-rose, gris-vert et gris-jaune ; avec des opales, des saphirs, des turquoises, des émeraudes et le chapelet des pierres fines... Evgueni Lobkov me désigne deux bassins voisins qui frémissent : un vert et un rose. Une tradition s'y attache déjà : elle consiste à demander au premier si l'on est aimé par la personne à laquelle on pense. Si le second répond par une éruption de glaise, c'est « oui ». S'il se tait, l'amour est ailleurs.

Nicolas Hulot et Evgueni Lobkov me rejoignent au bord d'un autre orifice bouillonnant ; un trou circulaire (la perfection selon Platon), d'un diamètre de 4 à

5 mètres, avec une paroi haute de 1 mètre. Cette mare vaporeuse me fascine. Elle est le symbole, le résumé, l'allégorie de ce que je suis venu quêter au Kamtchatka. La glaise y prend une étrange teinte rouge, avec des filets roses et des moirures carmin.

C'est au creux d'un puits analogue que, voici quatre milliards d'années, la vie a pu commencer ; que les premières bactéries ont été inventées dans l'eau et l'argile, grâce à l'énergie des entrailles de la Terre... J'observe les bulles et les remous, les giclées incarnates et les ondes purpurines. Nuances de chair et de sang... J'y vois des organes et des tissus. Des vaisseaux, un cerveau, un cœur, des poumons, un foie, des reins, des boyaux. Les deux sexes réunis de l'hermaphrodite primordial...

Cette mare fumante est un ventre de femme fertile ! Je contemple, au Kamtchatka, la matrice du monde. L'utérus des origines..

L'argile frissonne, et écume, et clapote, et cliccloque, et blablote, et éclate en murmures et en fleurs roses ou rouges. Le vent ajoute ses notes. Les geysers soufflent.

Le pouls de la Terre bat comme celui d'un nouveau-né.

J'entends pulser le grand cœur de ma mère.

TABLE

Ce volume a été composé
par Nord Compo
et achevé d'imprimer en avril 2002
*par **Bussière Camedan Imprimeries***
à Saint-Amand-Montrond (Cher)
pour le compte des éditions Lattès

N° d'édition : 21559. — N° d'impression : 021905/4.
Dépôt légal : avril 2002.

Imprimé en France

ISBN : 2-70-962192-4